FUNDAMENTOS DA EDUCAÇÃO

Dados Internacionais de Catalogação na Publicação (CIP)

```
B862f   Brito, Gleilcelene Neri de.

            Fundamentos da educação / [Gleilcelene Neri de
        Brito]. – São Paulo, SP : Cengage, 2017.
            74 p. : il. ; 26 cm.

            Inclui bibliografia.
            ISBN 978-85-221-2691-0

            1. Educação – Filosofia. 2. Educação – História. 3.
        Tecnologia educacional. 4. Aprendizagem. 5. Prática de
        ensino. 6. Professores – Formação. I. Título.

CDU 37.01                                           CDD 370.1
```

Índice para catálogo sistemático:

1. Educação : Filosofia   37.01

(Bibliotecária responsável: Sabrina Leal Araujo – CRB 10/1507)

FUNDAMENTOS DA EDUCAÇÃO

Gleilcelene Neri de Brito

Austrália • Brasil • Japão • Coreia • México • Cingapura • Espanha • Reino Unido • Estados Unidos

Fundamentos da Educação

Gleilcelene Neri de Brito

Gerente editorial: Noelma Brocanelli

Editoras de desenvolvimento: Gisela Carnicelli, Regina Plascak e Salete Del Guerra

Coordenadora e editora de aquisições: Guacira Simonelli

Especialista em direitos autorais: Jenis Oh

Produção editorial: Sheila Fabre

Copidesque: Sirlene M. Sales

Revisão: Eduardo Kobayashi, Alberto Bononi e Nelson Barbosa

Diagramação: Alfredo Carracedo Castillo

Capa: BuonoDisegno

Imagem da capa: Igor Kisselev/Shutterstock

Imagens usadas neste livro por ordem de páginas:

Anastacios71/Shutterstock; Jose Angel Astor Rocha/Shutterstock; lolloj/Shutterstock; Sergey Nivens/Shutterstock; BlueSkyImage/Shutterstock; Monkey Business Images/Shutterstock; Anastacios71/Shutterstock; Pressmaster/Shutterstock; frank_peters/Shutterstock; everything possible/Shutterstock; Monkey Business Images/Shutterstock; Nicku/Shutterstock; Chatchawan/Shutterstock; nmedia/Shutterstock; Madhourses/Shutterstock; Madhourses/Shutterstock; Madhourses/Shutterstock; Pressmaster/Shutterstock; bango/Shutterstock; Jovanovic Dejan/Shutterstock; gualtiero boffi/Shutterstock; Sarycheva Olesia/Shutterstock; ABB Photo/Shutterstock; Syda Productions/Shutterstock

© 2018 Cengage Learning Edições Ltda.

Todos os direitos reservados. Nenhuma parte deste livro poderá ser reproduzida, sejam quais forem os meios empregados, sem a permissão por escrito da Editora. Aos infratores aplicam-se as sanções previstas nos artigos 102, 104, 106, 107 da Lei nº 9.610, de 19 de fevereiro de 1998.

Esta editora empenhou-se em contatar os responsáveis pelos direitos autorais de todas as imagens e de outros materiais utilizados neste livro. Se porventura for constatada a omissão involuntária na identificação de algum deles, dispomo-nos a efetuar, futuramente, os possíveis acertos.

Esta editora não se responsabiliza pelo funcionamento dos links contidos neste livro que possam estar suspensos.

> Para permissão de uso de material desta obra, envie seu pedido para
> **direitosautorais@cengage.com**

© 2018 Cengage Learning Edições Ltda.
Todos os direitos reservados.

ISBN 13: 978-85-221-2691-0
ISBN 10: 85-221-2691-7

Cengage Learning Edições Ltda.
Condomínio E-Business Park
Rua Werner Siemens, 111 - Prédio 11
Torre A - Conjunto 12
Lapa de Baixo - CEP 05069-900 - São Paulo - SP
Tel.: (11) 3665-9900   Fax: 3665-9901
SAC: 0800 11 19 39

Para suas soluções de curso e aprendizado, visite
www.cengage.com.br

Apresentação

Um conteúdo objetivo, conciso, didático e que atenda às expectativas de quem leva a vida em constante movimento: este parece ser o sonho de todo leitor que enxerga o estudo como fonte inesgotável de conhecimento.

Pensando na imensa necessidade de atender o desejo desse exigente leitor é que foi criado este produto voltado para os anseios de quem busca informação e conhecimento com o dinamismo dos dias atuais.

Em cada capítulo deste livro é possível encontrar a abordagem de temas de forma abrangente, associada a uma leitura agradável e organizada, visando facilitar o aprendizado dos conteúdos.

A linguagem dialógica aproxima o estudante dos temas explorados, promovendo a interação com o assunto tratado.

Ao longo do conteúdo, o leitor terá acesso a recursos inovadores, como os tópicos **Atenção!**, que o alerta para a importância do assunto abordado, e o **Para saber mais!**, que apresenta dicas interessantíssimas de leitura complementar e curiosidades bem bacanas, para aprofundar a apreensão do assunto, além de recursos ilustrativos, que permitem a associação de cada ponto a ser estudado. O livro possui termos-chave e glossário para expandir o vocabulário do leitor.

Esperamos que você encontre neste livro a materialização de um desejo: o alcance do conhecimento de maneira objetiva, concisa, didática e eficaz.

Boa leitura!

Prefácio

Para Platão, sábio filósofo grego nascido em meados de 428 a.C., o homem estava fadado a viver na escuridão. A sua sorte poderia ser mudada, no entanto, se ao indivíduo fosse concedida a luz, então fornecida por meio de um único caminho: o conhecimento.

Com efeito! O conhecimento é a base que sustenta e mantém o indivíduo na claridade. Por meio do aprendizado, o homem alcança condições de desbravar novos mundos e de se inserir num constante processo evolutivo.

Ainda para aquele sábio pensador, o acesso ao conhecimento não deveria se limitar a determinado grupo ou classe. A todos era outorgado o direito e o acesso à educação, instrumento ideal para a transmissão da sabedoria. Como um grande homem além do seu tempo, Platão ainda exclamava ser um dever do Estado o fomento da educação, tanto aos meninos quanto às meninas. Tinha a certeza de que essa era a única ferramenta capaz de formar adequadamente a moral do povo.

Séculos se passaram e, mesmo em tempos atuais, as formas e condições de ensino, no que diz respeito à sua aplicação, são debatidas por diversos profissionais da área. Muitos questionamentos já feitos no passado deixaram de ter destaque na era contemporânea. Contudo, a pauta existente nos dias de hoje ainda é extensa e enseja diversas dúvidas e discussões.

Para apresentar algumas respostas, propor soluções e suscitar novos debates, é que o conteúdo deste livro foi desenvolvido.

Neste livro, dividido em quatro partes, o leitor terá a oportunidade de rever, no Capítulo 1, a história da educação, além de conhecer um pouco mais sobre as estratégias do ensino infantil e juvenil adotadas na atualidade. O Capítulo 2 explora as concepções educacionais abordadas por Piaget, Jean-Jacques Rosseau, até chegar ao método Paulo Freire, praticado atualmente no Brasil. O Capítulo 3 vai elucidar o processo educativo e explicar como ele se concretiza em sala de aula. Por fim, no Capítulo 4, o leitor vai conhecer um pouco mais o estudo das tendências pedagógicas, os novos métodos da prática educacional, além do ensino superior, e as carreiras profissionais.

A educação ainda é um tema corrente no nosso contexto social e é preciso abrir a mente para analisar as suas diversas vertentes, especificidades e problemáticas no cenário contemporâneo.

Esperamos que este livro permita ao leitor o acesso à luz sugerida por Platão.

Desejamos uma excelente leitura.

Sumário

CAPÍTULO 1 – Introdução aos conceitos filosóficos da educação

1. Apresentação, 12
2. Breve histórico da educação, 13
3. A educação nos dias atuais, 15
4. Um pouco de filosofia na educação, 17
5. A educação infantil, 19
6. A educação de jovens e adultos, 19

Glossário, 22

CAPÍTULO 2 – Concepções educacionais

1. Concepções educacionais, 24
2. Os sete saberes necessários à educação do futuro, 38

Glossário, 42

CAPÍTULO 3 – O processo educativo e a dinâmica da sala de aula

1. A relação entre as Tecnologias da Educação e Comunicação e a educação, 45
2. A proposta da educação contemporânea, 46
3. As tendências pedagógicas no processo ensino-aprendizagem e suas relações com a formação do professor que atua no ensino superior, 49
4. Tendências pedagógicas em relação ao ensino superior, 50
5. Um insumo importante do professor: a criatividade, 52
6. Aprendendo com o aluno, 53
7. A educação profissional, 54
8. O educador e os recursos disponíveis, 54
9. O papel da escola no desenvolvimento da capacidade intelectual dos alunos, 56

Glossário, 58

CAPÍTULO 4 – Tendências pedagógicas no processo ensino-aprendizagem

1. Tendências pedagógicas no processo ensino-aprendizagem e suas relações com a formação do professor que atua no ensino superior, 60

Glossário, 71

Referências bibliográficas, 73

CAPÍTULO 1
INTRODUÇÃO AOS CONCEITOS FILOSÓFICOS DA EDUCAÇÃO

1. Apresentação, 12

2. Breve histórico da educação, 13

3. A educação nos dias atuais, 15

4. Um pouco de filosofia na educação, 17

5. A educação infantil, 19

6. A educação de jovens e adultos, 19

Glossário, 22

1. Apresentação

Este estudo é iniciado com uma reflexão a respeito do próprio título do livro.

O primeiro questionamento a ser feito é acerca do que significa a palavra fundamento.

Segundo a definição existente no dicionário, fundamento é o alicerce, é a base que fundamenta uma questão (AURÉLIO ONLINE, 2015).

Toda boa construção que observe os princípios básicos da engenharia de obras, por exemplo, é iniciada com base em um alicerce.

Dentro desse contexto, convém, agora, indagar sobre o significado de educação. De acordo ainda com o mesmo dicionário, educação refere-se ao conjunto de normas pedagógicas que visam ao desenvolvimento geral do corpo e do espírito.

Ao analisar o papel do educador nos dias atuais, percebemos que ele tem à sua frente uma nova proposta educacional, com base nas concepções que permeiam a educação.

O tema Fundamentos Educacionais propõe os estudos das bases que deram, e até hoje dão, suporte à prática diária na educação contemporânea.

O ponto de partida será o seguinte questionamento: "Por que estudar os fundamentos da educação?".

A resposta é porque, com base no conhecimento desses fundamentos, é possível saber se posicionar criticamente em meio às transformações que vêm ocorrendo na área da educação. Além disso, o livro auxiliará a obter um conhecimento teórico que viabilize a compreensão do perfil do professor nos tempos atuais.

Para empreender tal missão, faz-se necessário entender a educação a partir dos pressupostos econômicos, políticos e filosóficos da sociedade em que se insere.

2. Breve histórico da educação

As sociedades sempre buscaram formas de repassar os conhecimentos e as experiências aos seus descendentes. A educação foi iniciada no seio familiar.

O homem pré-histórico, por exemplo, procurava transmitir suas técnicas de caça aos seus descendentes por meio de desenhos rupestres feitos nas cavernas onde habitavam.

Ao longo do tempo, diversas outras técnicas educacionais foram experimentadas e aquelas que se mostravam mais eficazes, de acordo com a tecnologia disponível na época, acabaram passando por aprimoramento.

Desenho rupestre feito por homens pré-históricos.

No Brasil, no início da sua história, a educação ficou sob a responsabilidade da Igreja, mais especificamente aquela ministrada pelos padres jesuítas. A educação jesuítica abrangeu o período de 1549, que coincide com a chegada dos jesuítas ao Brasil, até 1759, ano da expulsão desses missionários por **Marquês de Pombal**.

Os jesuítas mantiveram grande parte do poder sobre a educação. A Igreja, todavia, com a consolidação dos Estados Nacionais, foi excluída desse processo por parte do Estado, que decidiu gerir o ensino. Não era mais admissível que homens não vinculados ao Estado estivessem incumbidos de instruir uma nação. À igreja restaria "... o ensino das leis divinas..." (PETITAT, 1994, p. 141).

A base de sustentação dos Estados – a educação – passou a ficar a cargo do poder vigente. Tal iniciativa teve aceitação pela maioria dos filósofos da época, embora com algumas divergências quanto ao modo de condução do ensino, que se tornaria, a partir de então, de acesso público.

Esse rompimento causou o surgimento de diferentes concepções da Educação, que precisaram de reformulação. A educação passou a ter papel fundamental na formação da nova sociedade, que se dissociava da figura do rei.

Nessa óptica, o cidadão deveria, por meio da educação, ter o sentimento de pertencimento ao se considerar parte constituinte dela.

A lei serviu para regulamentar os estudos em forma e conteúdo, pautados pelo nacionalismo e pela ideologia da classe dominante à época, qual seja, a burguesia.

Surgiram, então, no bojo dessa sociedade, debates sobre a educação das classes populares.

Correntes desfavoráveis alertaram para o perigo da escolarização dessa classe, que poderia, com base em mais conhecimentos, "engrossar" as correntes de rebeldes e insatisfeitos com o poder vigente.

Porém, havia uma tendência maior em defender o ensino público das classes populares, por se entender que aquela nova sociedade, então diante do processo de industrialização, necessitaria de um tipo de mão de obra diferente, que atendesse às novas formas de produção pautando-se pelas disciplina, obediência e pontualidade.

A nova sociedade precisaria de formas de produção que se pautassem pela disciplina, obediência e pontualidade.

Mesmo entre aqueles que defendiam o ensino das classes desprivilegiadas, havia discordâncias no tocante aos projetos dirigidos aos estabelecimentos de ensino do sistema público nacional.

Condorcet enfatizava ser a razão e a liberdade de pensamento direitos da espécie humana e que a todos era assegurado o direito à educação, independentemente de suas paixões políticas.

Para Lepelletier, a educação a ser ministrada nas instituições de ensino público deveria ocorrer em forma de adestramento, a fim de introduzir a ideologia e a cultura dominantes criando, consequentemente, um sentimento de civismo e dependência pela pátria.

Além disso, o ensino tinha o objetivo de evitar agitações de trabalhadores e manter a ordem na sociedade. Tanto é assim que os sistemas nacionais de ensino público propunham-se a ensinar os filhos dos trabalhadores a obedecer, desde cedo, às autoridades.

A soberania imediatamente mais próxima dos filhos dos trabalhadores era o professor que, tendo recebido a formação na escola normal, imbuía-se do poder de representante do Estado passando a incumbir-se, com outros especialistas (pedagogos e psicólogos), de fazê-los renunciar aos hábitos de vida familiar, social e educativo de sua classe, em detrimento da assimilação da ideia de burguesia.

Esses sistemas imporiam aos filhos dos trabalhadores, desde seus espaços demasiadamente ordenados e de rígida disciplina, a modelação de suas formas de pensamento. Estariam submetidos às comparações "melhor" e "pior", de acordo com as notas recebidas em função do desempenho escolar, e às separações entre bons e maus alunos, devendo reproduzir o modelo de sociedade apresentado.

A "maquinaria escolar", invenção da burguesia, que garantiria sua conquista sobre a infância pobre, surgiu como forma mais econômica de moralizar e amenizar os conflitos de classe. Para tanto, se destinou a "domesticar" e "civilizar" os filhos das classes operárias a fim de que propagassem a sua ideologia e a defendessem, evitando rebeliões futuras, o que prejudicaria a estabilidade de seu poder político.

3. A educação nos dias atuais

Nas sociedades contemporâneas, a educação, embora tenha passado por várias transformações, ainda mantém sua postura de domínio, imposição e rigor.

Os espaços físicos das escolas nos remetem ao **enclausuramento** do século XVII.

A divisão do ensino por séries, a diferenciação por classes sociais, o enciclopedismo, a memorização, os desafios, os prêmios e, em alguns casos, os castigos físicos nos remetem aos métodos utilizados, por exemplo, pelos jesuítas.

Os educandos continuam a ser vistos não como formadores de conhecimento, mas como absorvedores de informações e propagadores do saber e da cultura dominantes. Contudo,

A educação ainda mantém sua postura de domínio, imposição e rigor.

como a escola é uma instituição inserida nas sociedades, e estas se encontram em constante processo de reformulação e inovação, espera-se que o ensino se adapte, gradativamente, aos novos anseios das sociedades, aplicando métodos de forma mais democrática e condizentes com a realidade do povo para o qual se destina.

> *ATENÇÃO! A sociedade precisa trabalhar esse conjunto de pressupostos, visando oferecer uma educação que forme cidadãos preparados para atuar consciente e criticamente diante da realidade econômica, política e filosófica da sociedade onde vive.*

Outro aspecto importante é que precisamos ter clareza das mudanças que a educação vem sofrendo.

É nítida, nos dias atuais, a transformação no papel do professor, antes detentor de todo o conhecimento e, agora, um parceiro na construção do aprendizado.

Os alunos têm acesso a outras fontes de conhecimento, não mais se contentando com o que é ensinado em sala de aula. Por isso, é necessário que haja mudança de postura do educador, uma vez que não é mais possível olhar para o professor como o detentor exclusivo de todo o conhecimento.

Está em curso uma mudança no papel do professor. Diferentemente do posicionamento clássico, nos dias atuais o professor deixa de ser o possuidor de todo o conhecimento, tornando-se um parceiro na construção da aprendizagem junto ao seu aluno.

Da mesma forma, hoje vivemos em um momento no qual já se podem identificar importantes mudanças do papel do aluno: de passivo receptor,

O professor é um parceiro na construção de aprendizado.

este aluno, agora, tem acesso a outras fontes de informação, não precisa aguardar mais somente pelo conhecimento transmitido pelo seu professor.

Por essa razão, dentro da sala de aula o professor tem sido demandado a ser parceiro de seu aluno e, em certos momentos, até mesmo, o seu aprendiz.

É necessário atentarmos para o fato de que, com a globalização e a possibilidade de acesso às Tecnologias da Informação e Comunicação – TIC, há uma nova perspectiva em relação à educação ministrada atualmente. Sendo assim, discutir os conceitos filosóficos que formaram a educação recente, assim como o pensamento dos principais educadores que construíram a base filosófica e a prática educacional da escola até os dias atuais é fundamental para nosso aprendizado, a fim de demandar uma constante reflexão da prática educacional dentro e fora da sala de aula.

O novo desafio é pensar de que forma todas essas mudanças vêm atingindo a educação, a escola, a prática educacional e, consequentemente, o professor.

A escola tem um papel fundamental na sociedade e, por isso, ela é indispensável à crítica contínua do processo de ensino-aprendizagem e dos conteúdos que estão sendo trabalhados cotidianamente.

Na visão recente, a escola deve buscar cumprir o papel estabelecido, que é o de formar cidadãos críticos, evitando o consumo de ideologias que transformam as relações humanas em produtos descartáveis.

4. Um pouco de filosofia na educação

O **mito da caverna** (ou "alegoria da caverna", como também é conhecido) é uma das passagens mais clássicas da história da Filosofia. Na obra *A República*, Platão (428-374 a.C.) debate e indaga sobre a teoria do conhecimento, da linguagem e da educação, trazendo à tona a discussão da condição de escuridão na qual a humanidade estaria encarcerada e como poderia buscar a libertação.

A narrativa anuncia dramaticamente a figura de prisioneiros que, desde o nascimento, são acorrentados no interior de uma caverna, de modo que olhem somente para uma parede iluminada por uma fogueira.

Estátua de Platão, filósofo grego.

Ali, eles só podiam enxergar o que ocorria no mundo exterior por meio das sombras que eram projetadas na parede.

Questiona-se, num primeiro momento, qual é a relação entre o mito da caverna e a educação nos dias atuais.

Imagina-se que, se um desses prisioneiros pudesse sair daquela caverna e viesse a descobrir o mundo fora dela, o quão deslumbrado ficaria. Esse prisioneiro deixaria de ver o mundo por sombras e teria acesso ao mundo real.

Fazendo um exercício imaginativo, idealizemos uma criança que viveu durante anos sob uma educação que só a ensinasse a ver o mundo por meio de sombras.

Pergunta-se: como seria a reação dessa criança ao entrar em contato com outras correntes de pensamento, com novas formas de aprender, de ver e de vivenciar o mundo, bem como com as inúmeras situações do cotidiano?

Com base nessa reflexão, pode-se inferir que a escola exerce um papel fundamental na formação do cidadão, pois ela trará condições para o sucesso não só na sala de aula, mas também na vida dessa criança, como integrante ativa de uma nação. Esse resultado dependerá, em grande parte, da educação que lhe for oferecida.

Nesse contexto, convém fazer uma pausa para refletir, por um breve momento, sobre como a educação no Brasil é observada.

Tomando a educação brasileira nos dias atuais e comparando-a com o mito da caverna, pode-se afirmar que ainda é possível observar que tal educação apresenta muitas regiões de "sombras". A escola brasileira vivencia uma série de grandes desafios, entre os quais, a necessidade de romper com as correntes que ainda a mantêm aprisionada às sombras e encarceram seus alunos ao ensino tradicionalista.

PARA SABER MAIS! O filme argentino La Educación Prohibida (2012), dirigido por Germán Doin Campos, é uma obra que tem se tornado uma referência para aqueles que estão insatisfeitos com o sistema educacional atual. O filme foi inspirado em contradições que o próprio diretor foi observando e registrando durante seu recente processo educativo. Uma das críticas construídas no filme se dá acerca de uma série de problemas sociais e psicológicos que o sistema educacional atual pode gerar nas pessoas em razão de um dogma estabelecido ao longo do tempo, que pressupõe que só se pode quantificar o que se aprende sobre um assunto por meio de exames e notas. Para nós, brasileiros, o filme é muito pertinente, não apenas por serem as realidades culturais e socioeconômicas argentinas muito parecidas às do Brasil, mas porque seu foco recai sobre uma realidade ocidental e latina da educação vigente.

É notório perceber que a educação no Brasil está passando por grandes dificuldades. Por ser um país extenso territorialmente, apresenta enormes diferenças regionais. São situações problemáticas que dizem respeito:

- à evasão escolar;
- às diferenças gritantes entre o baixo nível de ensino das escolas públicas, comparadas com o ensino das redes privadas;
- ao **analfabetismo**;
- às diferenças culturais e regionais; e
- à pouca oferta de ensino público de qualidade, entre outros problemas aqui não relacionados.

Tais dificuldades vêm comprometendo a qualidade do ensino brasileiro, embora um conjunto de dispositivos e normativos legais tenha sido publicado, e projetos educativos tivessem sido criados na tentativa de promover a melhoria do ensino. Ainda assim, muito trabalho necessita ser desenvolvido.

5. A educação infantil

A educação infantil é reconhecidamente uma etapa decisiva na formação das crianças, por permitir a elas que comecem um processo de socialização e aprendizado extremamente úteis para a continuidade de sua escolarização, particularmente para aquelas que integram famílias mais carentes.

A Lei de Diretrizes e Bases da Educação Nacional – **LDBEN** (Lei nº 9.394, de 20 de dezembro de 1996) dispõe, em seu artigo 29, que a educação infantil é a primeira etapa da educação básica, que tem como alvo o desenvolvimento total da criança de até 5 (cinco) anos, em seus seguintes aspectos:

- físico;
- psicológico;
- intelectual; e
- social, complementando a ação da família e da comunidade.

6. A educação de jovens e adultos

De igual modo, a promoção da Educação de Jovens e Adultos – EJA, é uma exigência da cidadania, uma vez que viabiliza a participação efetiva do cidadão na vida econômica, política e social do país.

A Educação de Jovens e Adultos é uma modalidade da educação básica dedicada aos jovens e adultos que não tiveram acesso ou não terminaram os estudos no ensino fundamental e no ensino médio. Vale ressaltar que essa concepção foi expandida no sentido de não se abordar apenas a escolarização, mas também reconhecer a educação como direito humano básico para a constituição de jovens e adultos independentes, críticos e ativos diante da realidade em que vivem.

No caso do Brasil, a promoção da EJA significa resgatar parte de uma dívida social que cresce a cada dia e mais rapidamente quanto menos se investe em educação.

Vale destacar que a educação no Brasil é um direito assegurado na Constituição da República Federativa do Brasil de 1988, conforme disposto em seu artigo 227.

> *PARA SABER MAIS! O art. 227 coloca a criança como foco central de todas as preocupações constitucionais, determinando, ao menos no plano deontológico, que seus direitos e interesses devem ser observados em 1º lugar, antes de qualquer outro interesse ou preocupação. O texto do referido dispositivo em questão preconiza: "É dever da família, da sociedade e do Estado assegurar à criança e ao adolescente, com absoluta prioridade, o direito à vida, à saúde, à alimentação, à educação, ao lazer, à profissionalização, à cultura, à dignidade, ao respeito, à liberdade e à convivência familiar e comunitária, além de colocá-los a salvo de toda forma de negligência, discriminação, exploração, violência, crueldade e opressão" (Redação dada pela Emenda Constitucional n. 65, de 2010).*

Para que o dispositivo constitucional possa se tornar realidade é necessário implementar ações de fortalecimento da área educacional, ao multiplicar iniciativas que mobilizem pais, professores, comunidades e todos aqueles que estejam preocupados com a qualidade da educação. Nesse sentido, são exemplos de ações possíveis:

- a promoção de debates e questionamentos dos métodos de ensino e dos critérios de avaliação;
- o desenvolvimento de campanhas de valorização do aluno; e
- a produção de séries de entrevistas e palestras com professores e pedagogos envolvidos em educação.

Mobilizações semelhantes podem ajudar na melhoria da educação e, por consequência, do desenvolvimento social, político e econômico do Brasil, fomentando a diminuição das desigualdades sociais e combatendo a má distribuição de renda.

Ao encerrarmos os estudos relativos ao Capítulo 1, propomos o seguinte questionamento, que tem por objetivo a reflexão a respeito de tudo o que foi apresentado até aqui:

- Será que a escola poderia auxiliar no rompimento de correntes e tornar aqueles que se encontram aprisionados à ignorância (como no mito da caverna) seres humanos livres?

Deve-se acreditar que tal questionamento levante uma série de debates, de pontos de vista favoráveis ou contrários. Todavia, acreditamos que a resposta seja positiva, pois esse deve ser um dos objetivos mais marcantes dentro da missão da escola. Com os conhecimentos adquiridos por meio da educação, advogamos ser possível romper com as correntes que aprisionam boa parcela da população às "cavernas da ignorância", de modo que passem a ter visão própria, crítica, aberta e autêntica do mundo.

> *PARA SABER MAIS! Numa proposta lúdica e bem atraente, o site da Turma da Mônica apresenta, em quadrinhos, a história "As sombras da vida", inspirada no Mito da Caverna de Platão. Disponível em: <http://turmadamonica.uol.com.br/assombrasdavida/> e <https://www.youtube.com/watch?v=e8xyfbbmR8U>. Acesso em: 8 fev. 2015.*

Glossário

Analfabetismo – Segundo definição da UNESCO – Organização das Nações Unidas para a Educação, a Ciência e a Cultura – "uma pessoa funcionalmente analfabeta é aquela que não pode participar de todas as atividades nas quais a alfabetização é requerida para uma atuação eficaz em seu grupo e comunidade, e que lhe permitem, também, continuar usando a leitura, a escrita e o cálculo a serviço do seu próprio desenvolvimento e do desenvolvimento de sua comunidade". Um dos maiores problemas dos países subdesenvolvidos é o analfabetismo, vale ressaltar que não se deve confundir com ignorância.

Enclausuramento – Colocação de uma barreira física, fechamento, aprisionamento de algo, isolamento.

LDBEN – A Lei de Diretrizes e Bases (Lei 9394/96) - LDB - é a lei orgânica e geral da educação brasileira. Como o próprio nome diz, dita as diretrizes e as bases da organização do sistema educacional. A primeira Lei de Diretrizes e Bases foi criada em 1961. Uma nova versão foi aprovada em 1971 e a terceira, ainda vigente no Brasil, foi sancionada em 1996.

Marquês de Pombal – Sebastião José de Carvalho e Melo, mais conhecido como Marquês de Pombal, nasceu em Lisboa. Foi o principal responsável pela abolição da escravidão em Portugal, reorganizou o sistema de educação, melhorou as relações com a Espanha e publicou um novo código penal.

Mito da Caverna – O Mito da Caverna, narrado por Platão no livro VII - República, pode ser considerado uma das mais poderosas metáforas idealizadas pela filosofia, em qualquer tempo, para descrever a situação geral em que se encontra a humanidade.

CAPÍTULO 2
CONCEPÇÕES EDUCACIONAIS

1. Concepções educacionais, 24

2. Os sete saberes necessários à educação do futuro, 38

Glossário, 42

1. Concepções educacionais

Nosso objetivo, ao iniciar o estudo deste capítulo, é identificar quais correntes teóricas influenciam e orientam a prática educacional na contemporaneidade.

Cabe esclarecer que o propósito não é realizar uma discussão intensa e aprofundada de cada uma das concepções educacionais, até porque existem vários autores que consideram cada concepção de diversas ópticas, e não teríamos condições de aprofundar esse estudo no espaço que nos cabe.

Vamos estudar a respeito da situação do ensino, buscando compreender e refletir sobre o lugar da escola e de que forma se pode aprimorar ou transformar as visões teóricas vigentes, bem como a prática do papel do docente na contemporaneidade.

Para levar a cabo tal missão, faremos uma breve revisão de algumas concepções teóricas que influenciaram a educação no Brasil.

Figura 1 – Principais pensadores cujas correntes teóricas influenciam e norteiam a prática educacional contemporânea.

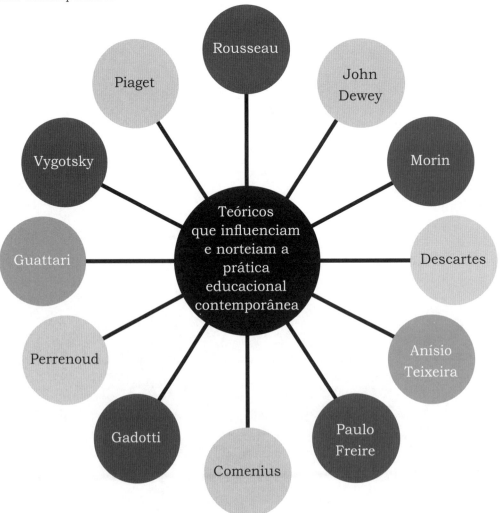

Ao rever as concepções teóricas da educação, perceberemos que os filósofos, pensadores e mestres da educação nos auxiliam a compreender os alicerces dela, o quanto ela progrediu e ainda pode progredir, bem como o que deve ser feito para que se encontre um ponto de convergência entre o real e o ideal. Esse é um ponto que demanda reflexão constante.

Obviamente as ideias e as transformações levam tempo para serem materializadas.

Um exemplo de como a educação evoluiu pode ser visto nos dois primeiros artigos da Lei de Diretrizes e Bases da Educação Nacional – LDBEN, nº 9.394/96, que dá destaque à formação humana, sem desvalorizar a formação para o trabalho:

- "Art. 1º. A educação abrange os processos formativos que se desenvolvem na vida familiar, na convivência humana, no trabalho, nas instituições de ensino e pesquisa, nos movimentos sociais e organizações da sociedade civil e nas manifestações culturais.

  § 1º. Esta Lei disciplina a educação escolar, que se desenvolve, predominantemente, por meio do ensino, em instituições próprias.

  § 2º. A educação escolar deverá vincular-se ao mundo do trabalho e à prática social.

- Art. 2º. A educação, dever da família e do Estado, inspirada nos princípios de liberdade e nos ideais de solidariedade humana, tem por finalidade o pleno desenvolvimento do educando, seu preparo para o exercício da cidadania e sua qualificação para o trabalho".

É importante destacar que toda concepção educacional se baseia em uma teia filosófica, que passa pela busca infindável de respostas e de uma educação que acate as aspirações humanas e sociais.

O educador deve colocar seus objetivos de forma clara, uma vez que se dedicar a uma atividade, na área de educação, exige concepções muito bem fundamentadas e posicionamentos firmes.

É necessário estar ciente de que a opção por determinada concepção educacional representa, na maioria das vezes, a escolha de uma filosofia de vida.

Que tal revermos agora algumas concepções educacionais?

A educação é dever do Estado e da família.

Contribuição dos humanistas para a educação

Os humanistas possuem uma concepção de mundo cujo centro é o próprio homem. Pode-se considerar o humanismo como a origem de todo o pensamento moderno, e seus estudos baseiam-se nos estudos humanos.

São algumas das características do pensamento humanista:

- a importância do homem como indivíduo capaz de construir;
- a importância da educação – da aquisição dos saberes;
- a renovação do padrão de estudos, com a construção de uma nova cultura baseada na Antiguidade, desatrelada da cultura dominante da Igreja;
- os estudos históricos das novas sociedades e a avidez do poder e do lucro ligados à sociedade contemporânea.

PARA SABER MAIS sobre os humanistas, consulte: <http://www.webartigos.com/artigos/o-humanismo-na-educacao/35533/#ixzz3PSYkCpMw>. Acesso em: 3 fev. 2015.

A Reforma Protestante

O personagem principal da Reforma Protestante foi **Martinho Lutero** (1483-1546), um monge agostiniano e professor de teologia alemão.

No dia 31 de outubro de 1517, esse monge fixou, nas portas da Igreja de Wittenberg, na Alemanha, suas 95 teses contra a venda de indulgências, penitências e salvação pela fé.

Essa data marcou não apenas o início da Reforma Protestante, mas de todo um novo momento na história da humanidade. Segundo Eby Frederick, a Reforma Protestante envolveu inúmeras transformações nas áreas política, econômica, religiosa, moral, filosófica, literária e nas instituições.

Na educação, mais especificamente, os impactos foram marcantes, pois na Idade Média a Igreja era a única instituição responsável pela organização e manutenção da educação escolar.

O poderio universal do papa sofreu oposição, com o surgimento das nações-estados (a partir do século XVI), e se forma uma nova classe social: a classe média.

São características desse movimento:

- o incentivo à educação universal para todos, objetivando um maior número de fiéis conhecedores das Sagradas Escrituras;

- a criação das escolas populares, para as classes pobres;
- o grande controle da instrução por parte de autoridades, pois os alunos necessitavam aprender só o essencial: a leitura das escrituras, leitura e escrita básica, além de aprender um ofício;
- o único ponto em comum entre as escolas de pobres e as de ricos era o estímulo à música sacra e ao canto religioso em coro, que proporcionavam um entendimento cultural-afetivo;
- repúdio aos métodos educacionais violentos e constrangedores;
- a instrução obrigatória e de caráter nacional, exaltando a cultura.

A Contrarreforma

A Contrarreforma, considerada uma resposta da Igreja Católica ao movimento da Reforma Protestante, ocorreu por volta de 1545.

Esse movimento incorporou a cultura humanista, com atividades e criações que a singularizaram institucional e culturalmente.

No campo da Teologia e da Filosofia escolástica ocorreu uma renovação, com o florescimento da literatura mística, principalmente na Espanha.

A arte também foi valorizada, e sua principal corrente foi a arte barroca.

Na Contrarreforma a identidade do homem moderno estava fundamentada em um leque de possibilidades que, acima de tudo, enfatizava sua individualidade e seu poder de escolha.

São características desse movimento:

- a fundação da Ordem dos Jesuítas, deslocando a noção de disciplina militar para o campo da fé;
- a fé deveria ser propagada nas missões, nas lutas contra os infiéis e **hereges**;
- a educação de jovens ricos era realizada com a leitura clássica, porém restrita, utilizada sobretudo como arma de ataque e defesa;
- a divisão do ensino em graus, os métodos de memorização, repetição, disciplina, arguição, castigos à não obediência às ordens impostas pela Igreja, os desafios em público entre alunos, classes e escolas;
- surgimento de ordens para moças e para pobres;
- para Lutero, a liberdade interior era definida pela fé, não sujeita à autoridade religiosa, calcada na predefinição divina. Para os jesuítas, ela era delimitada e direcionada pela Igreja.

> *PARA SABER MAIS: Para obter mais informações a respeito da Contrarreforma e a Educação, a companhia de Jesus e o Ensino Preparatório, acesse: <http://www.joaquimdecarvalho.org/artigos/artigo/201-Capitulo-VIII-A-Contra-Reforma-e-a-Educacao.-A-companhia-de-Jesus-e-o-Ensino-Preparatorio#sthash.iNS0u0GI.dpuf>. Acesso em: 7 fev. 2015.*

Família medieval

Na Idade Média as crianças eram mantidas em casa até por volta dos sete ou nove anos de idade.

A partir daí eram entregues a outra família, na condição de aprendizes.

Inseridas em outra família, as crianças deveriam realizar serviços domésticos ou outras tarefas mais pesadas.

Esse era um fato comum naquela época, independentemente da classe social a que pertenciam as famílias.

Da mesma forma, a família que enviava sua criança também era receptora, em sua casa, de criança oriunda de outra família.

Acreditava-se que o serviço doméstico era o meio de transmitir a uma criança, mesmo se fosse o filho de outra pessoa, toda a bagagem de conhecimentos, de experiências práticas de valor humano, que o ensinador possuísse.

É desnecessário afirmar que o sentimento profundo de apego que conhecemos atualmente nas relações entre pais e filhos era praticamente inexistente naquela época, uma vez que a criança saía do contato familiar muito cedo e seu retorno ao lar era um fato que raramente ocorria.

Verifica-se, portanto, que a família era uma realidade mais moral e social, e menos sentimental, dado que:

- para as famílias pobres, o sentimento de apego dos filhos aos verdadeiros familiares praticamente inexistia;

- para as famílias ricas, o sentimento se direcionava exclusivamente para três aspectos: o reconhecimento e a manutenção da linhagem, a prosperidade do patrimônio e a honra do nome.

O convento

O **convento** ocupou, durante muito tempo, um importante espaço na educação do Brasil, principalmente após a colonização, no século XVII. Embora fossem poucos os conventos, era nesses locais que se aprendia a ler, escrever e calcular, bem como algum ofício mais rudimentar. A educação era mais voltada para objetivos religiosos, embora o ofício religioso não fosse obrigatório.

Foram características desse período:

- mulher: esposa, mãe e zeladora do lar;
- escolas conventuais: oportunidade de obter alguma instrução sem a obrigação à religiosidade, porém apenas com a obtenção do conhecimento necessário ao futuro governo de seus lares e à obediência sem argumentação, pela mulher ao marido;

Jean-Jacques Rousseau e a educação

Para o suíço Jean-Jacques Rousseau (1712-1778), a infância seria uma fase na qual a intimidade guarda a pureza da natureza, da autenticidade, em oposição às convenções da vida social adulta. A educação na época de Rousseau era mais voltada para as elites, que era negativa, livresca, intelectualística, autoritária, severa e com dogmas religiosos.

Rousseau desejava uma educação livre e mais autônoma. Ele criticava as propriedades privadas, as sociedades desiguais e injustas.

Sua reflexão sobre educação estava voltada também para a dimensão política, ou seja, ele se preocupava de que maneira o indivíduo atuaria socialmente e como a sociedade precisaria ser transformada para incorporá-lo ao meio social.

Jean-Jacques Rousseau.

Rousseau considerava que a educação deveria se ocupar de formar o cidadão. Esse pensador desejava o afastamento da criança dos males sociais, ou seja, do convívio social, pois considerava que as ideias do mundo adulto poderiam corromper a criança.

Para Rousseau, a criança deveria estar em contato com a natureza e ser submetida apenas a estímulos por meio do ambiente natural. Essa forma de educação era chamada por Rousseau de educação natural.

O pensamento pedagógico de Rousseau pode ser articulado do seguinte modo:

- a educação negativa seria aquela sem a instrução precoce, ou seja, aquela sem a intervenção do orientador, do professor. Para Rousseau a primeira educação deveria ser, portanto, puramente negativa, consistindo não em ensinar a virtude, ou a verdade, mas em proteger o coração do vício e o espírito do erro;

- já na educação indireta o educador não deveria apresentar o conhecimento pronto, mas sim estimular a criança sem responder a todas as suas inquietações, construindo com ela o conhecimento. Nessa concepção, o educador deveria estimular a experiência, de maneira indireta.

De forma resumida, os objetivos da educação para Rousseau comportariam dois aspectos: o desenvolvimento das potencialidades naturais da criança e seu afastamento dos males sociais.

Concepção **tradicionalista**

Já estudamos que a transmissão dos conhecimentos, no final da Idade Média, era dada de forma empírica, influenciando a estrutura familiar e revelando a maneira como a criança era vista. Naquela concepção:

- a criança era idealizada como um pequeno adulto;
- não havia afetividade da família em relação à criança;
- a educação se dava na prática. No período dos sete aos catorze anos a criança era iniciada na vida adulta, aprendendo ofícios em casas alheias. Essa etapa não era definitiva, tratava-se de um período de aprendizagem, de doutrinação;
- toda a educação se dava através da experiência. A criança deveria aprender a servir bem, tanto que existia uma literatura no século XV que enumerava os mandamentos de um bom servidor;
- a noção de serviço era incluída no processo educacional – o serviço doméstico na Idade Média não era motivo de menosprezo, tratando-se de uma forma muito comum de aprendizagem;
- a criança se relacionava muito com os adultos, tudo lhe era ensinado por eles. A transmissão do conhecimento de uma geração para a outra era garantida pela participação familiar da criança na vida do adulto.

Até o início da Idade Moderna a educação era dada dessa forma, depois as concepções de educação começaram a mudar.

Os colégios

Os colégios foram os sucessores naturais dos conventos. A educação foi perdendo seu caráter **empírico**, tornando-se mais pedagógica.

A escola deixou de ser reservada aos clérigos para se tornar um instrumento normal de iniciação social e de passagem da infância para a vida adulta. Consequentemente mudam também os costumes da família.

Com o surgimento da escola, a criança deixa de ausentar-se da família e na relação dos filhos com a família é despertada a afetividade dos pais em relação aos filhos.

O conhecimento transmitido na escola era teórico.

A escola era destinada aos meninos. As meninas, em sua maioria, continuavam a ser educadas no seio da família.

Cabe destacar que a alta nobreza e os artesãos resistiram ao novo modelo de educação, pois este tirava a prerrogativa da primogenitura, que consistia em dar privilégios ao filho mais velho ou a um filho escolhido pelos pais.

O privilégio da primogenitura era o modelo da base familiar adotado no final da Idade Média até o século XVII. A partir da segunda metade do século XVII esta concepção começa a ser questionada. A escola começa a defender a igualdade de direitos dos filhos, por isso foi tão contestada pelos mais tradicionalistas. Uma forma de contestação usada pelos conservadores era enviar todos os filhos, com exceção do primogênito, para o convento, mesmo sem terem vocação religiosa, para assegurar os direitos do mais velho. O modelo antigo de educação caiu com o surgimento de academias. A partir daí é que foi consolidada a base escolar.

A escola para as crianças do século XVII representa um espaço de disciplina que lhes impõe regras de convivência, de higiene, de saúde e de boas maneiras orientadas pelos manuais da época. A escola teve como principais pontos positivos:

- aproximar a criança da família e despertar o sentimento de afetividade entre pais e filhos;
- permitir que as crianças que não podiam pagar professores particulares tivessem acesso gratuito à educação;
- impedir que as crianças fossem demasiadamente mimadas pelos pais e expostas às complacências e bajulações dos criados;
- permitir a socialização por meio da amizade que as crianças faziam entre si e que muitas vezes duravam a vida toda;
- ensinar as crianças a terem coragem de falar em público, o que era importante para os que queriam assumir cargos de destaque etc.

Entre os pontos negativos, podemos citar:

- a disciplina muito severa, em que a criança era muito tolhida;
- a escola retardava a maturidade das crianças afastando-as dos adultos (segundo os tradicionalistas);
- o grande número de alunos por turma expunha as crianças às más companhias, que podiam corromper sua moral e ensinar muitos vícios;
- levava ao isolamento da criança do seu meio social natural da aprendizagem, com a vida cotidiana;

- a criança deixava de aprender com as pessoas para aprender com os livros – – os tradicionalistas defendiam a educação pela aprendizagem prática e não pela teoria;
- as classes tinham um número elevado de alunos e com a convivência entre eles as crianças perdiam a inocência, a simplicidade e a modéstia que as tornavam amáveis aos olhos de Deus e dos homens.

Esses são alguns pontos atribuídos à escola a partir do século XVII.

Novo sentido conferido à infância e à vida familiar entre os segmentos dominantes da sociedade europeia a partir dos fins do século XVII e início do século XVIII

A partir de fins do século XVIII é resgatada a consciência de família e o sentimento afetivo em relação às crianças. As famílias se recusam a se separar de seus bebês, e assim, as amas de leite, que antes amamentavam e criavam os bebês em suas casas, passam a morar nas casas das famílias mais abastadas, gerando uma mudança significativa na vida familiar.

A família se reúne em torno da casa, com seus criados, formando um círculo fechado de relação.

Havia uma preocupação com a saúde e a higiene das crianças, envolvendo cada vez mais a família em laços afetivos mais estreitos. Com esse sentimento em relação à criança, esta deixa de ser mais uma, facilmente substituída pelo nascimento de outro bebê. Ela passa a ser insubstituível e única, e ninguém mais ousa pensar nela como alguém descartável.

Os progressos do sentimento de família seguem a evolução da vida privada e da intimidade doméstica; a correspondência privada entre marido e mulher evidencia o afeto e a preocupação com a saúde e o bem-estar da família. Os manuais educativos e o surgimento das escolas desencadearam essa consciência familiar e o sentimento afetivo dos pais em relação aos filhos.

Jan Amos Comenius

Comenius (1592-1670) foi um filósofo, bispo da Igreja Hussit e pensador tcheco que marcou a concepção tradicionalista de educação.

Ele defendia a sistematização dos conhecimentos a partir de uma educação universal. Para ele, a educação deveria servir para a vida, com oportunidades para homens e mulheres.

Comenius propôs um sistema articulado de ensino, reconhecendo o igual direito de todos os homens ao saber.

Ele produziu uma obra fecunda e sistemática, cujo principal livro é a *Didática magna*, cujas propostas são:

- a educação realista e constante;
- método pedagógico breve, econômico e sem proporcionar fadiga;
- ensinamento por meio de experiências concretas diárias;
- conhecimento de todas as ciências e de todas as artes;
- ensino padronizado.

Conheça melhor as ideias de Comenius em:

- <http://revistaescola.abril.com.br/formacao/pai-didatica-moderna-423273.shtml?page=0>. Acesso em: 3 fev. 2015.
- <http://educarparacrescer.abril.com.br/aprendizagem/comenio-307077.shtml>. Acesso em: 3 fev. 2015.

PARA SABER MAIS! Assista ao filme Em nome de Deus, *que é baseado em fatos reais e conta a história do amor reprimido ocorrida entre Abelardo e Heloise. Abelardo era um dos professores mais populares da Escola de Notre Dame, a primeira Universidade Livre da França. Neste filme, poderemos observar exemplos de como eram passados os conhecimentos e de como os dogmas eram indiscutíveis.*

Assista também ao filme A missão *(1986), que retrata a guerra travada por portugueses e espanhóis contra jesuítas idealistas que catequizavam os índios. Neste filme pode-se notar a forma como os jesuítas praticavam o ensino tradicional e também suas crenças e valores. Perceba no filme a forma como a educação é capaz de modificar a vida das pessoas.*

John Dewey

Filósofo e psicólogo norte-americano, John Dewey (1859-1952) foi o criador da Escola Nova.

Talvez você já tenha ouvido frases do tipo: é necessário valorizar a capacidade de pensar dos alunos, de prepará-los para discutir a realidade, de vincular teoria e prática.

Essa afirmação, entre outras semelhantes a ela, que costumeiramente ouvimos, é uma das concepções de John Dewey.

Para Dewey, uma educação precisa estar pautada pela ação, tendo como objeto um tipo de problematização como o caminho constante a ser seguido para a construção do processo da aprendizagem.

> *PARA SABER MAIS!* Conheça um pouco mais sobre esse pensador e filósofo no endereço eletrônico a seguir: <http://revistaescola.abril.com.br/formacao/john-dewey-428136.shtml>. Acesso em: 3 fev. 2015. Leia também o livro Arte como experiência; John Dewey; Editora Martins Fontes.

Anísio Spínola Teixeira

Advogado, filósofo e educador brasileiro, Anísio Teixeira (1900-1971) foi o idealizador de grandes modificações que marcaram a educação brasileira no século XX.

Anísio era um discípulo da filosofia de John Dewey e foi o principal multiplicador de suas ideias no Brasil. Dewey foi seu professor no curso de pós-graduação nos Estados Unidos.

No Brasil, o **movimento "escolanovista"** foi representado por Anísio Teixeira e Fernando de Azevedo.

Anísio Teixeira lutou por uma educação que não discriminasse pobres nem ricos, uma educação que possibilitasse uma transformação social, como processo de adaptação do homem ao seu meio social variável e progressivo.

Uma de suas principais bandeiras foi a luta pela escola pública gratuita e **laica**.

Anísio Teixeira escreveu documentos importantíssimos que fizeram parte de sua história e que são até hoje instrumentos de pesquisa. Entre eles, podemos citar o "Manifesto dos pioneiros da Educação Nova".

Vale ainda ressaltar que ele foi um importante mediador no processo de organização da Capes (Coordenação de Aperfeiçoamento do Pessoal de Nível Superior).

Teixeira foi fundamental no processo de institucionalização da pós-graduação no Brasil, fomentando a pesquisa no interior da universidade, no âmbito dos programas de pós-graduação. A instituição da Universidade de Brasília teve como mentor Anísio Teixeira.

> *PARA SABER MAIS!* Para conhecer um pouco mais sobre Anísio Teixeira acesse os endereços eletrônicos a seguir: <http://revistaescola.abril.com.br/formacao/anisio-teixeira-428158.shtml>. Acesso em: 3 fev. 2015. <http://educarparacrescer.abril.com.br/aprendizagem/anisio-teixeira-306977.shtml>. Acesso em: 3 fev. 2015. <http://educarparacrescer.abril.com.br/pensadores-da-educacao/anisio-teixeira.shtml>. Acesso em: 3 fev. 2015.

René Descartes

Descartes (1596-1650) foi filósofo, físico e matemático francês.

Também era conhecido como Renatus Cartesius, daí a denominação de seu pensamento: **cartesiano**.

Seu trabalho revolucionário em filosofia e ciência transformou-se em uma das figuras-chave da revolução científica.

Descartes, considerado o fundador da filosofia moderna, escreveu, em um de seus livros mais importantes, *Discurso do método*, que quanto mais estudava, mais tinha consciência de sua ignorância.

Com suas características bastante peculiares, foi o inspirador de várias gerações e é possível afirmar que boa parte da filosofia escrita, a partir de sua existência, teve como inspiração a sua obra.

> *PARA SABER MAIS! Conheça um pouco mais sobre René Descartes acessando os endereços eletrônicos a seguir:*
> *<http://www.mundodosfilosofos.com.br/descartes.htm>. Acesso em: 3 fev. 2015.*
> *<http://www.consciencia.org/descartes.shtml>. Acesso em: 3 fev. 2015.*

Paulo Reglus Neves Freire

Educador e filósofo brasileiro, Paulo Freire (1921-1997) voltou-se para a educação popular e para a formação de consciência.

No ambiente educacional, em nível internacional, ele é considerado e conhecido como um dos mais importantes educadores da história.

Em 13 de abril de 2012 foi sancionada a Lei nº 12.612, que declara o educador Paulo Freire Patrono da educação brasileira.

Suas principais obras são:

- *Educação como prática da liberdade.* Paz e Terra, 2000;
- *Pedagogia da autonomia: saberes necessários à prática educativa.* Paz e Terra, 2009;
- *A importância do ato de ler: em três artigos que se completam.* Cortez, 2008;
- *Pedagogia da esperança: um reencontro com a Pedagogia do oprimido.* Paz e Terra, 1997.

> *PARA SABER MAIS! Conheça um pouco mais sobre Paulo Freire nos endereços eletrônicos a seguir: <http://www.paulofreire.org/>. Acesso em: 3 fev. 2015.*
> *<http://www.paulofreire.ufpb.br/paulofreire/>. Acesso em: 3 fev. 2015.*
> *<http://www.projetomemoria.art.br/PauloFreire/>. Acesso em: 3 fev. 2015.*

Moacir Gadotti

O brasileiro Moacir Gadotti (1941-) é graduado em Pedagogia (1967) e Filosofia (1971) e mestre em Filosofia da Educação (1973) pela Pontifícia Universidade

Católica de São Paulo. Doutor em Ciências da Educação na Universidade de Genebra (1977).

Gadotti é presidente do Conselho deliberativo do Instituto Paulo Freire. Suas principais ideias fundamentam propostas como a construção da "escola cidadã", por meio da formação crítica e da perspectiva dialética.

> *PARA SABER MAIS! Para conhecer um pouco mais sobre Moacir Gadotti acesse os endereços eletrônicos a seguir:*
> *<http://www.scielo.br/pdf/spp/v14n2/9782.pdf>. Acesso em: 3 fev. 2015.*
> *<http://siteantigo.paulofreire.org/pub/Institucional/MoacirGadottiArtigosIt0037/Ped_Terra_ideias_centrais_2000.pdf>. Acesso em: 3 fev. 2015.*
> *Leia a entrevista entre Moacir Gadotti e Paulo Freire, realizada em 1993, na qual Gadotti fala sobre a importância da esperança para as transformações e conta o que faria se estivesse em sala de aula. Disponível em: <http://revistaescola.abril.com.br/formacao/paulo-freire-podemos-reinventar-mundo-entrevista-640706.shtml>. Acesso em: 3 fev. 2015.*

Philippe Perrenoud

Philippe Perrenoud (1944-) é sociólogo suíço, doutor em Sociologia e Antropologia, professor de Psicologia e Ciências da Educação em Genebra.

Perrenoud introduziu os termos "competência" e "habilidade" no planejamento e na prática educacional.

No livro *10 novas competências para ensinar*, o sociólogo relaciona o que é indispensável saber para ensinar bem, numa sociedade em que o conhecimento está cada vez mais acessível. São elas:

- organizar e dirigir situações de aprendizagem;
- administrar a progressão das aprendizagens;
- conceber e fazer evoluir os dispositivos de diferenciação;
- envolver os alunos em suas aprendizagens e em seu trabalho;
- trabalhar em equipe;
- participar da administração escolar;
- informar e envolver os pais;
- utilizar novas tecnologias;
- enfrentar os deveres e os dilemas éticos da profissão;
- administrar a própria formação.

A leitura de suas obras e artigos é imprescindível para a elaboração de projetos político-pedagógicos.

Seus pensamentos constam como fonte de influência dos novos parâmetros curriculares nacionais estabelecidos pelo Ministério da Educação (MEC).

> *PARA SABER MAIS! Conheça mais sobre Philippe Perrenoud nos endereços eletrônicos a seguir:*
> *<http://gestaoescolar.abril.com.br/aprendizagem/philippe-perrenoud-escola-dar-mais-quem-tem-menos-739260.shtml>. Acesso em: 3 fev. 2015.*
> *<http://www.scielo.br/pdf/cp/v40n140/a1540140.pdf>. Acesso em: 3 fev. 2015.*

Lev Vygotsky

O bielorrusso Vygotsky (1896-1934) foi psicólogo, sendo considerado o teórico do ensino como processo social. Para ele, o professor seria figura essencial do saber, por representar um elo intermediário entre o aluno e o conhecimento.

A obra do psicólogo destaca o papel da escola no desenvolvimento mental das crianças e até hoje é uma das mais pesquisadas pela pedagogia contemporânea.

Segundo Vygotsky, o homem é um sujeito social e interativo, cujos aprendizagem e desenvolvimento ocorrem a partir dos processos de interação social.

Vygotsky defende a relação entre um ser criança/adulto e um observador (o professor). Ele enfatizava que o processo de construção do conhecimento se dá na troca com o outro.

> *PARA SABER MAIS!* Conheça mais sobre Lev Vygotsky acessando o endereço eletrônico a seguir:
> *<http://revistaescola.abril.com.br/formacao/lev-vygotsky-teorico-423354.shtml>. Acesso em: 3 fev. 2015.*

Jean Piaget

Piaget (1896-1980) foi um epistemólogo e biólogo suíço. Ele criou um campo de investigação que nomeou epistemologia genética – isto é, uma teoria do conhecimento centrada no desenvolvimento natural da criança.

Para Piaget o pensamento infantil passa por quatro estágios, desde o nascimento até o início da adolescência. São eles:

- 1º período: Sensório-motor (0 a 2 anos);
- 2º período: Pré-operatório (2 a 7 anos);

- 3º período: Operações concretas (7 a 11 ou 12 anos);
- 4º período: Operações formais (11 ou 12 anos em diante).

Piaget e Vygotsky consideram a criança como um ser ativo e atento que cria constantemente hipóteses sobre o seu ambiente, porém seus pensamentos teóricos diferem com relação ao desenvolvimento e aprendizagem.

Para Piaget, o aprendizado se dá por interação entre estruturas internas e contextos externos. Já na concepção de Vygotsky, esse aprendizado depende fundamentalmente da influência ativa do meio social, que Piaget considerava apenas uma "interferência" na construção do conhecimento.

> *PARA SABER MAIS!* <http://revistaescola.abril.com.br/formacao/jean-piaget-428139.shtml?page=3>. Acesso em: 3 fev. 2015.

Edgar Morin

Edgar Morin (1921-) é um sociólogo francês, batizado como Edgar Nahum.

Durante a Segunda Guerra Mundial, mudou o sobrenome Nahum para Morin.

Em sua concepção, Morin encontra base para a cultura da transdisciplinaridade. Seu pensamento complexo tem como fundamento teorias das ciências exatas, naturais, da informação, dos sistemas e a cibernética.

A Organização das Nações Unidas (ONU) convidou Morin, em 1999, para construir um conjunto de reflexões, a fim de respaldar o ideal de educação do século XXI. A partir daí, nasceu o texto "Os sete saberes necessários à educação do futuro".

2. Os sete saberes necessários à educação do futuro

Morin (2003) apresenta os sete saberes que correspondem a lacunas na educação. Saberes imprescindíveis que têm em seu escopo a visão sistêmica, envolvendo a compreensão do indivíduo e do seu contexto (local e global), abertura para errar e trocar a partir daí.

De acordo com Morin, a humanidade deve estar preparada para o século XXI e, por isso, nos convida a refletir sobre os saberes necessários à educação do futuro, indispensáveis ao homem deste milênio. A seguir são descritos alguns desses saberes:

nas ciências da evolução biológica e nas ciências históricas.

- Ensinar princípios de estratégia que permitiriam enfrentar os imprevistos, o inesperado e a incerteza.

- Constituir a vanguarda perante a incerteza de nossos tempos seria ocupação de todos aqueles que se ocupam da educação.

Ensinar a compreensão

- Por meio da reforma das mentalidades.
- Por meio do estudo

da incompreensão a partir de suas raízes, suas modalidades e seus efeitos.

A ética do gênero humano

- Considerar o caráter ternário da condição humana: indivíduo/ sociedade/espécie.

- Formar a ética com base na consciência de que o humano é indivíduo parte da sociedade e da mesma espécie.

- Desenvolvimento humano compreende o desenvolvimento conjunto das autonomias individuais, das partições comunitárias e do senso de pertencer à espécie humana.

Também não podemos deixar de destacar uma descrição dos quatro pilares da Educação de Delors (1996), que

apresenta quatro pilares em que se baseia a educação ao longo da vida:

Aprender a conhecer	Aprender a fazer	Aprender a viver juntos	Aprender a ser
Debruça-se sobre o raciocínio lógico, a compreensão, a dedução e a memória, ou seja, sobre os processos cognitivos por excelência. Tem a preocupação de despertar no estudante não só esses processos em si, como também o desejo de desenvolvê-los. A vontade de aprender, de querer saber mais e melhor deve sempre ser levada em consideração. Esta motivação pode apenas ser despertada por educadores competentes, sensíveis às necessidades, dificuldades e idiossincrasias dos estudantes, capazes de lhes apresentarem metodologias adequadas, ilustradoras e facilitadoras da retenção e compreensão dessas.	O século XXI representa uma era de grandes transformações – a era da globalização – envolvendo uma rede interativa de saberes que estão a exigir olhares mais críticos para as questões de educação, trabalho, convivência, potencialidade e competências humanas. Neste contexto, em que o trabalho se torna mais complexo e exigente em termos de uso de novas tecnologias, o "aprender a fazer" vem se deslocando da concepção de mera qualificação profissional para um perfil de valorização da competência pessoal em produções "mais intelectuais", envolvendo fatores tais como: "(...) comportamento social, aptidão para trabalho em equipe, iniciativa e o gosto pelo risco" (DELORS, 1996, p. 94).	A educação deve instrumentalizar o indivíduo ao longo de toda a sua vida para que ele aproveite as oportunidades de atualização e enriquecimento dos conhecimentos adquiridos, tornando-o assim um ser adaptável ao mundo em constantes transformações. Há caminhos que a educação pode trilhar como a "descoberta do outro", que passa pela descoberta de si mesmo com a contribuição da educação para a construção de conhecimento acerca da diversidade de humanidade, das suas semelhanças e da interdependência entre os seres humanos, tendo como direção o desenvolvimento da empatia. A segunda via ou caminho consiste em "tender para objetivos comuns". Isto pode minimizar ou mesmo fazer desaparecer os conflitos entre os membros de grupos diversos.	Objetiva proporcionar ao ser humano ser autor da sua própria história. Conhecendo a si mesmo – suas potencialidades, seus limites, seus saberes, sua afetividade, sua essência como ser humano – estará pronto para viver em sociedade e para conviver com as diferenças de modo colaborativo. Cabe à educação proporcionar a este indivíduo situações de aprendizagem através das artes, da imaginação, dos jogos, das ciências exatas e inexatas, conhecimento da ética e da estética, da criatividade, do raciocínio crítico e autônomo, da responsabilidade pessoal, da sensibilidade, do autoconhecimento integral e constante.

> *PARA SABER MAIS! Para conhecer um pouco mais sobre os sete saberes necessários à educação do futuro, acesse o endereço eletrônico a seguir: <http://portal.mec.gov.br/seb/arquivos/pdf/EdgarMorin.pdf>. Acesso em: 3 fev. 2015.*

Pierre Félix Guattari

Pierre Félix Guattari (1930-1992) foi filósofo, psicanalista e militar francês.

Para a educação, Guattari foi um dos maiores pensadores da transdisciplinaridade como a grande saída para a melhoria da relação ensino-aprendizagem.

Uma das grandes contribuições de Guattari é a distinção dos três sentidos usuais de "cultura": cultura-valor, cultura-alma coletiva e cultura-mercadoria.

Ao criar o conceito de "ecosofia", Guattari, em seu livro *As três ecologias*, articula os três registros ecológicos que são: mental, social e ambiental, objetivando a ampliação da visão das múltiplas dimensões da existência da espécie no planeta.

Para Guattari, somente uma articulação ético-política, a que ele define como ecosofia, poderia clarear todas as questões existentes entre as três ecologias. As três ecologias que ele nos apresenta são a do meio ambiente, a das relações sociais e a da subjetividade humana.

Ainda de acordo com Guattari, o ponto em questão é a maneira como iremos viver daqui em diante no planeta, em relação ao contexto da aceleração das mutações técnico-científicas, bem como do considerável crescimento demográfico da atualidade.

Para o autor, no futuro a questão não será apenas defender a natureza, mas reparar todos os danos causados a ela. Para o futuro devem ser criadas novas práticas, pois é nosso comportamento que está causando toda essa crise. E que somente o sujeito humano é quem pode dar a solução para o planeta Terra.

> *PARA SABER MAIS! Para saber mais sobre Guattari e as três ecologias, consulte o endereço eletrônico a seguir:*
> *<http://escolanomade.org/images/stories/biblioteca/downloads/guattari-as-tres-ecologias.pdf>. Acesso em: 2 fev. 2015.*

Estudando atentamente as correntes filosóficas dos educadores Guatarri e Morin, será que você consegue perceber semelhanças entre os pensamentos de ambos?

Eis uma oportunidade ímpar para analisar se atualmente as propostas educacionais desses autores se assemelham de alguma forma.

> *PARA SABER MAIS! Assista ao filme* Ponto de mutação *(Mindwalk), que é um ícone nas discussões sobre ecologia e educação.*

Glossário

Cartesiano – Derivado do cartesianismo, que foi um movimento intelectual liderado por René Descartes durante os séculos XVII e XVIII e segundo o qual é preciso duvidar de todo conhecimento que se tem sobre determinado assunto para, assim, chegar à verdade.

Convento – Edificação habitada por uma comunidade religiosa.

Empírico – Proveniente de empirismo, teoria do conhecimento que afirma que o conhecimento é absorvido a partir da experiência sensorial.

Herege – É a designação feita à pessoa que professa uma heresia, ou seja, que questiona certas crenças colocadas por determinada religião. O herege é contra os dogmas de determinada religião ou seita.

Laica – O ensino laico, baseado no laicismo, é um tipo de educação elementar que se caracteriza por ser um ensino desvinculado da educação religiosa.

Martinho Lutero – Precursor da Reforma Protestante na Europa, Lutero nasceu na Alemanha, no ano de 1483, e fez parte da ordem agostiniana. Em 1507, ele foi ordenado padre, mas devido às suas ideias, contrárias às pregadas pela Igreja Católica, foi excomungado. Ele foi responsável pela organização de muitas comunidades protestantes. Lutero faleceu na cidade onde havia nascido, Eisleben, Alemanha.

Movimento "escolanovista" – Criado pelo filósofo e psicólogo norte-americano John Dewey, o escolanovismo desenvolveu-se no Brasil em um período em que o país passava por importantes modificações econômicas, políticas e sociais.

Tradicionalista – Sistema filosófico que coloca a tradição como critério e regra de decisão. Para seus seguidores, o tradicionalismo é o que mantém o equilíbrio na sociedade.

CAPÍTULO 3
O PROCESSO EDUCATIVO E A DINÂMICA DA SALA DE AULA

1. A relação entre as Tecnologias da Educação e Comunicação e a educação, 45

2. A proposta da educação contemporânea, 46

3. As tendências pedagógicas no processo ensino-aprendizagem e suas relações com a formação do professor que atua no ensino superior, 49

4. Tendências pedagógicas em relação ao ensino superior, 50

5. Um insumo importante do professor: a criatividade, 52

6. Aprendendo com o aluno, 53

7. A educação profissional, 54

8. O educador e os recursos disponíveis, 54

9. O papel da escola no desenvolvimento da capacidade intelectual dos alunos, 56

Glossário, 58

Nos capítulos anteriores foram estudados os fundamentos filosóficos e algumas concepções educacionais que nortearam a educação contemporânea.

O Capítulo 3 vai tratar um pouco mais desse processo educativo e como ele se concretiza em sala de aula.

Será apresentada uma série de informações ao educador, para que seja possível ampliar o foco de visão nas atividades de planejamento, a fim de auxiliá-lo a identificar as minúcias das mudanças que vêm ocorrendo no cenário da educação atual. O objetivo é aproveitar as oportunidades de modo que venham a ser o ponto de partida para o estabelecimento de eventual estratégia educacional.

No início do século XXI, um lema foi disseminado nos meios de comunicação em todo o mundo: "Pensar global e agir local". Essa campanha teve o objetivo inicial de provocar mudanças no comportamento das sociedades, de modo a estimular a busca pela adaptação às novas formas de relacionamento entre os homens e entre estes e a natureza no novo século que se iniciava.

Em todo o mundo diversas ações se encontram em marcha, tornando-se possível observar nos níveis sociais, ambientais, culturais e econômicos, os reflexos dessa proposta de mudança paradigmática que influenciaram os segmentos educacionais, de saúde, de desenvolvimento tecnológico, entre outros.

Na área educacional ocorreram alterações significativas em relação às concepções de aprendizagem, com a mudança do paradigma instrucional-comportamentalista para o construtivismo-interacionista (MORIN, 2000).

Nessa nova perspectiva educacional, o aprendiz saía da condição de mero receptáculo de informações e passava a protagonizar a sua própria aprendizagem, ao interagir com um mundo veloz, reconhecendo as diferenças como saudáveis e lançando mão delas para construir um futuro comum.

A abordagem construtivista-interacionista inclui as mudanças tecnológicas que dizem respeito:

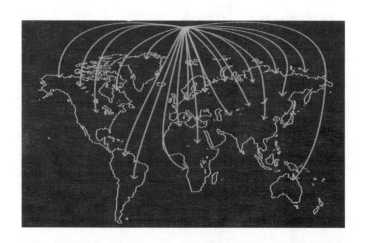

- às Tecnologias da Comunicação e Informação – TIC;
- ao ciberespaço;
- ao conceito de redes (de relacionamentos, de trabalho, de solidariedade etc.);
- à hipermídia;
- ao hipertexto; e
- às ferramentas audiovisuais e os softwares.

Esses são apenas alguns exemplos de avanços que convivem com a alteração da percepção espacial e temporal, provocada pela velocidade da produção e disseminação de informações e que, em alguns casos, "atropelam" o tempo de cada indivíduo para processar a quantidade de material a ser internalizado, processado e devolvido. Atualmente há muito mais informações disponíveis do que a capacidade que temos para processá-las.

É nessa conjuntura que o professor contemporâneo se vê constantemente desafiado a (re)pensar suas ações e estratégias pedagógicas, de forma que esteja sempre inserido em um contexto globalizado, como um multiplicador de boas práticas.

1. A relação entre as Tecnologias da Educação e Comunicação e a educação

As Tecnologias da Educação e Comunicação – TIC – vêm incorporando, cada vez mais, a lógica interacionista.

Nesse contexto, tanto a educação presencial quanto a **educação a distância** (EaD) são importantes para estimular a inserção dos alunos no universo digital.

Essas modalidades educacionais procuram fomentar não só o uso de tecnologias, como, também, sua forma de comportamento entre o aluno com o outro e consigo mesmo.

Para cumprir esse propósito, é necessário que o educador do século XXI ensine ao aluno a observar o seu entorno, com uma visão tanto macro (do todo) como micro (dos detalhes), de forma a entender criticamente e a contextualizar os conhecimentos que adquire, a fim de que possa empregá-los no sentido do bem-estar da coletividade.

Por outro lado, ações estratégicas devem ser direcionadas ao estímulo dos profissionais da educação a fazerem uso dos recursos das TIC, de forma que possam favorecer o aprendizado do seu alunado, conforme exemplificado a seguir:

- formação de docentes no uso das TIC, em acordo com o projeto pedagógico elaborado;
- equipar e manter o local da escola com recursos midiáticos, que possibilitem o cumprimento do projeto pedagógico;
- oferecer suporte contínuo aos docentes, por meio de equipes de apoio, durante a implantação da nova cultura informacional;
- desenvolver planos de incentivo para a construção de projetos integrados, que permitam a transmissão do aprendizado sistêmico nos ambientes escolares;
- compartilhar de forma pública os bons resultados alcançados pelo docente;
- ampliar o conceito de comunidade acadêmica, incluindo a família e a sociedade local como corresponsáveis na formação de cidadãos conscientes de seus deveres e obrigações;
- criar comissão multidisciplinar, com representantes dos diferentes setores, para realização de atividades de discussão participativa frequentes, identificando problemas e possíveis melhorias; e
- formar gestores escolares, objetivando o apoio à reestruturação prevista para a área docente.

Todas as ações relacionadas devem estar voltadas para viabilizar a atuação do professor como um multiplicador de boas práticas, incutindo em sua mente a necessidade de que, assim o fazendo, está agindo de forma proativa na sociedade contemporânea.

2. A proposta da educação contemporânea

Delors (1996) definiu que a educação está fundamentada em quatro pilares:

1. aprender a fazer;
2. aprender a viver juntos;
3. aprender a viver com os outros; e
4. aprender a ser.

Com base na teoria da autora, a proposta da educação contemporânea deve contemplar um aprendizado que aconteça de forma continuada e em vários níveis, de modo que o educador seja um orientador no processo de aprendizagem do aluno, oferecendo ao estudante "os mapas e a bússola para a sua navegação no mundo".

Por meio dessa perspectiva, o maior desafio encontrado pelos educadores tem sido a construção de um sistema educacional de qualidade, democrático e socialmente justo, para o qual são apresentadas algumas questões:

1. Como criar os meios favoráveis para viabilizar esse sistema educacional?
2. Seria possível realizar a inserção de novas metodologias de ensino nesse sistema?
3. Seria possível propor novos usos para os recursos tecnológicos que não param de surgir, e que estes sejam contemplados de forma diversificada?
4. Seria possível propor um novo posicionamento tanto para o professor quanto para o aluno dentro desse sistema de ensino?

Se você pensou nessas e em outras ações complementares a estas, que bom, pois o caminho inicial pode ser esse mesmo.

A grande verdade é que, atualmente, não se admite um modelo pedagógico centrado no professor e baseado na repetição. Há uma busca por um ensino que fomente as interações, as indagações e o compartilhamento de ideias, ações e reflexões entre educadores e educandos, procurando evitar que práticas consideradas ultrapassadas, como aquelas exemplificadas nas ilustrações, continuem a existir em salas de aula.

a) O professor como o único detentor de todo o conhecimento.

b) Só existe uma proposta de ensino – a linear – e que desconsidera o conhecimento que o aluno já possui.

c) O aluno é visto apenas como receptor do conhecimento repassado por seu professor, além de não ter espaço para o argumento.

d) Ele não interage com o professor. Na verdade, apenas o professor fala. Ao aluno resta apenas ouvir. Não há utilização de linguagem dialética.

e) O conhecimento a ser adquirido se dá com base na mera exposição e repetição do conteúdo. O pouco que se aprende logo é esquecido, pois não há associação com a realidade que cerca o aluno.

f) O conteúdo é apresentado de forma estanque.

g) O aluno não é estimulado a buscar outras formas de aprender e por novas fontes de informação.

h) O aluno não é estimulado a interagir com o meio.

i) O professor não se preocupa em buscar outros meios para apoiar a sua prática de ensino. Não se atualiza. Não busca rever se sua prática em sala de aula está proporcionando a efetiva apreensão do conhecimento por parte de seu aluno.

Entende-se que a dinâmica da aprendizagem se dá por meio de interações entre alunos e professores. E para isto não existe uma fórmula pronta. Cada público demanda uma **metodologia de ensino** específica, principalmente com a questão da **Educação inclusiva**, que prevê a inserção escolar, em escolas regulares, de pessoas com necessidades educativas especiais sem qualquer discriminação ou preconceito.

Trabalha-se então com a variedade, o que demanda um reposicionamento escolar dos educadores se relacionando de forma interativa, na qual professores e alunos formam relações, tanto sociais quanto afetivas que, em sala de aula, servem para gerar e concretizar a aprendizagem formal.

Diante do panorama apresentado, fica patente que há um desafio que demanda do educador uma série de conhecimentos e faz que este repense a sua prática em sala de aula.

Na busca pela prática educativa mais adequada às necessidades dos seus educandos, o educador há de ponderar que tal prática deve contemplar a realização de trocas socioafetivas entre alunos e professores e que, para materializar essa prática, é necessário conhecer a estrutura do grupo de forma que, na sala de aula, possa ocorrer, efetivamente, a aprendizagem por parte do aluno. Eis a primeira etapa na procura por uma aprendizagem apropriada.

> *PARA SABER MAIS! Vale a pena ler o livro* Cuidado, Escola!, *de Babette Harper et al., da editora Brasiliense, 1980. O livro, por meio de uma linguagem compreensível e de ilustrações criativas, faz uma crítica à educação, refletindo sobre o processo educativo e abordando temáticas como a crise escolar, a origem da escola atual, o seu funcionamento, as desigualdades socioculturais que envolvem o processo de ensino-aprendizagem, entre outros temas. É um livro que já tem mais de duas décadas de publicação, porém, muito vivo e atual.*

3. As tendências pedagógicas no processo ensino-aprendizagem e suas relações com a formação do professor que atua no ensino superior

O rápido desenvolvimento dos meios de comunicação ao longo do século XX modificou a maneira como os indivíduos vivem, aprendem e passam seu tempo.

Uma série de transformações está em andamento em todos os aspectos da sociedade. No âmbito escolar também não tem sido diferente. Os educadores buscam repensar e rediscutir formas de ensinar e de aprender que coincidam com as necessidades dos tempos atuais, investigando práticas educacionais, desde a idade pré-escolar até a universidade.

Como resultado, muitos questionamentos têm sido apresentados e alternativas têm surgido de modo a auxiliar o planejamento e o desenvolvimento de atividades que as escolas desempenham desde longa data. Com isso, tem-se afastado, cada vez mais, das práticas empíricas e se aproximado de métodos científicos resultantes de estudos e pesquisas.

Os instrumentos educacionais resultantes do bom planejamento são capazes de tornar o aprendizado em sala de aula mais prazeroso. Entre eles, podemos citar:

- a introdução do uso de revistas e jornais;
- a elaboração de aulas que fomentem a interatividade;

- a introdução de aulas experimentais, nas quais novidades sejam trazidas para discussões;
- a realização de visitas a exposições físicas e virtuais;
- a realização de visitas a feiras de livros;
- a realização de aulas ao ar livre, aproveitando fatos e fenômenos naturais e do entorno escolar; e
- o estímulo ao uso dirigido da internet, ensinando os alunos a criar blogs, grupos de discussão e comunidades de cooperação, dentre as inúmeras possibilidades de ferramentas com amplo potencial educacional existentes atualmente.

Os itens listados são apenas exemplos (pois existe uma infinidade de outros), de alternativas de aprendizagem de baixo custo (ou mesmo de custo zero), que os educadores possuem atualmente à sua disposição, para sair do lugar-comum, do quadro negro.

Conforme visto, há inúmeros princípios e práticas que devem ser pensados e observados no desenho de situações de aprendizagem vivenciadas em sala de aula.

4. Tendências pedagógicas em relação ao ensino superior

De forma geral, no planejamento de suas atividades o educador deve atentar para as inúmeras alternativas metodológicas disponíveis atualmente e que podem ser utilizadas para dinamizar suas aulas, potencializar a sua prática docente e fomentar a apreensão do conteúdo por parte dos alunos.

Moran (2002) enfatiza a importância do educador em promover a melhoria qualitativa na sua forma de ensinar ao agregar, dentro de uma visão inovadora, todas as tecnologias disponíveis (telemáticas, audiovisuais, textuais, orais, musicais, lúdicas e corporais) fazendo a sua **integração** com o conteúdo a ser ensinado aos alunos.

E na educação superior?

A educação no ensino superior segue os mesmos princípios pedagógicos que outros níveis de ensino com a necessidade, porém, de alguns ajustes, dado o perfil do seu público, o que demanda do professor uma forma de abordagem diferenciada na exposição de suas aulas.

Imagine uma aula de Geografia: uma possibilidade é aliar a aula expositiva com uma breve visita presencial à biblioteca da instituição (ou uma biblioteca pública ou, melhor ainda, a um Arquivo Público, se a cidade contar com a existência de algum).

Nesses locais podem ser propostas a pesquisa e a visualização de algum mapa antigo, relacionado ao conteúdo da aula.

Por fim, a aula pode ser complementada com a exibição de um vídeo (que pode ser um filme, uma entrevista, um documentário etc.), que também dialogue com o conteúdo ministrado.

A riqueza dessa atividade e **interação** reside no fato de que elas podem ser realizadas em grupos separados de alunos, escolhidos aleatoriamente, fomentando a interação e a integração da turma.

Cada grupo ficaria com a responsabilidade de pesquisar sobre um assunto menor dentro do conteúdo e apresentar os resultados obtidos aos demais colegas de sala, relatando sua experiência não só com os resultados obtidos, mas, também, com as facilidades e/ou dificuldades encontradas, a metodologia utilizada e o motivo da opção por uma determinada metodologia em detrimento de outra.

Nota-se que o que seria apenas mais uma aula expositiva de Geografia ganha contornos interdisciplinares com a proposta apresentada. Os alunos têm a chance de exercitar a pesquisa (uma vez que se encontram em um curso de nível superior, que se caracteriza pelo fomento à pesquisa acadêmica), o relacionamento interpessoal, bem como com a oportunidade de lidar com situações-problema, nas quais eles precisarão se articular e buscar, de forma autônoma, as próprias soluções.

Com essa proposta, os alunos exercitam sua autonomia, bem como a oportunidade de construir os seus próprios conhecimentos, sendo demandados a utilizar uma série de conhecimentos aprendidos anteriormente para construir outro, voltado para o conteúdo da aula proposta.

> *ATENÇÃO! Em todas as situações, a ação autônoma dos educandos e o aprender a aprender devem ser estimulados por parte dos educadores, em detrimento de outras possibilidades que focalizam exclusivamente a transmissão e a absorção de informações.*

O educador que utiliza estratégias semelhantes apresenta ao aluno um conteúdo por meio de uma forma mais concreta e não abstrata.

Lígia Maria Brochado de Aguiar (2003) ressalta que, ao indicarmos determinado lugar nos mapas para os alunos, é provável que isso provoque neles uma dialética visual que promova um diálogo cotidiano com o espaço-tempo do lugar onde vivem.

Agora imagine a mesma aula sem a proposta anterior. Ela consistiria em um professor falando e expondo o conteúdo quase repetindo o que está na leitura proposta, e diversos alunos ouvindo durante quase quarenta minutos. Durante a exposição, ele projetaria um mapa na parede e distribuiria, ao final, um questionário com dez questões ou testes a respeito do conteúdo apresentado.

Questiona-se: qual seria a aula em que os alunos possivelmente aprenderiam de modo mais prazeroso e que o conteúdo fosse assimilado de forma mais eficiente por eles?

Você muito provavelmente deve ter respondido que seria a primeira opção, e está certo. Todavia, cabe lembrar que nem sempre é possível que todas as aulas sejam realizadas nos moldes da primeira opção.

Também deve-se evitar que as aulas sejam sempre ministradas de acordo com a segunda opção.

Em seu planejamento, o educador deve considerar as variáveis disponíveis: tempo (seu e dos alunos), custos, oportunidades e a busca por implantação de aulas nos padrões da primeira: diversificada, rica e interativa.

O importante é que o educador não se mantenha preso a apenas uma forma de ensinar, já que existem muitas outras atualmente e é fundamental estar atualizado e conhecer todas elas.

5. Um insumo importante do professor: a criatividade

Tanto no planejamento quanto na exposição do conteúdo o educador deve ter em mente que o ponto de apoio para uma prática educacional bem-sucedida deve ser a utilização da criatividade.

Quando um plano de aula é preparado, o professor é desafiado a sair do lugar-comum, de forma que elabore uma aula que promova a curiosidade e o interesse do aluno pelo que está sendo ensinado, utilizando os inúmeros recursos atualmente disponíveis e que podem apoiá-lo neste processo: são os chamados **objetos de aprendizagem**.

Teoricamente, qualquer objeto pode se tornar um objeto de aprendizagem. Para tal, deverá ser contextualizado dentro de uma proposta pedagógica. Assim, uma letra de música ganha contornos pedagógicos quando associada a uma aula que apresente um tema no qual a melodia acrescente ou exemplifique um ponto que se deseja destacar.

Em uma aula de Química, onde se pode contar com uma animação para falar, por exemplo, da função das vitaminas. São recursos que são encontrados de forma relativamente rápida, com uma pequena busca na rede mundial de computadores.

> *PARA SABER MAIS! Várias metodologias de utilização dos Objetos de Aprendizagem podem ser encontradas na internet. Aqui vão algumas dicas: <http://condigital.cursosccead.net/condigital/index.php?option=com_content&view=article&id=490:conservacao-de-alimentos-animacao-imersao-em-gordura-salga-adicao-de-acucar-e-adicao-de-especiarias-&catid=18:animacoes&Itemid=99>. Acesso em: 7 abr. 2015.*
> *<http://condigital.cursosccead.net/condigital/index.php?option=com_content&view=frontpage&Itemid=1>. Acesso em: 7 abr. 2015.*
> *<http://objetoseducacionais2.mec.gov.br/>. Acesso em: 7 abr. 2015.*

6. Aprendendo com o aluno

O professor pode, e deve, aprender com o aluno, uma vez que o aluno possui amplo domínio em determinado campo no qual o docente ainda está pavimentando seu conhecimento.

Não é raro, nos dias atuais, que deparemos, em nossas salas de aula, com alunos que possuam uma série de conhecimentos tecnológicos que envolvam informação e comunicação, como os telefones celulares inteligentes – os smartphones. Esses recursos são inovadores, principalmente por se tratar de uma área em que as novidades surgem a todo instante.

É importante ter em vista que esses momentos devem ser aproveitados como ricas oportunidades para interagirmos com os alunos e para estimulá-los a compartilhar seus conhecimentos e articulá-los com outras áreas.

O educador que se propõe a ter uma visão construtivista utiliza até mesmo opções simples e sem nenhum custo financeiro, mas que repercutem muito favoravelmente, como a simples mudança na arrumação da sala de aula – disponibilizando as cadeiras em círculo, de forma que os alunos fiquem de frente um para o outro, em vez de manter o visual clássico, com as cadeiras enfileiradas uma atrás das outras.

Essa sala pode ser transformada em um espaço flexível, dinâmico, no qual os alunos sejam estimulados a realizar as atividades com o apoio dos educadores.

Perrenoud trabalha com a questão do desenvolvimento de competências. A atuação docente destinada ao **desenvolvimento de competências** não pode se restringir à exposição dialogada. A constituição de competência requer o exercício desta, e pleiteia execução; além disso, reivindica um processo de elaboração cognitiva, de aplicação e transferência de aprendizagem para novas situações.

No livro *10 Novas Competências para Ensinar,* Perrenoud relaciona o que é imprescindível saber para ensinar bem numa sociedade em que o conhecimento está cada vez mais acessível. Contudo, sabemos que a construção de conhecimento não garante o desenvolvimento de competências profissionais.

7. A educação profissional

Na educação profissional, o tempo é sempre escasso e os alunos têm urgência. Precisam se inserir no mercado de trabalho e obter reconhecimento. Somente com base no desenvolvimento real de competências, que devem ser permanentemente avaliadas, é possível fazer que o corpo discente avance de maneira consistente e com foco prático.

8. O educador e os recursos disponíveis

Para que o educador possa efetivar uma proposta de aula inclusiva, com base na teoria interacionista e construtivista, é necessário que disponha de uma série de informações que possam ser utilizadas a qualquer momento do seu planejamento. Trata-se de um *portfólio* de informações.

Para tal, o educador deve pesquisar recursos que podem ser potenciais fontes de informação em uma aula.

Há cidades e locais que contam com recursos que proporcionam uma vivência maior entre o real e o imaginário.

Por exemplo, na cidade do Rio de Janeiro existe a Fundação Planetária, uma instituição pública que conta com diversas atividades, como sessões de cúpula, experimentos interativos, observações ao telescópio, cursos, palestras e exposições.

Nessa fundação, os alunos podem participar de uma "aula-passeio", que ocorre por meio de visitas guiadas.

Nessa aula, os visitantes tomam parte de experiências interessantes e enriquecedoras para seu aprendizado. Há uma visita guiada ao chamado moderno centro de ciências: o Museu do Universo. Neste espaço, os alunos podem interagir com diversos experimentos:

- o sistema Terra-Lua e seus movimentos, a evolução estelar, o Sistema Solar, a Cosmologia, a pesquisa espacial, entre outras opções;
- contemplação do Sistema Solar em diversas escalas de tamanhos;
- em outros experimentos, as fases da Lua e os eclipses solar e lunar são apresentados por meio de simples manipulações;
- a imagem do Sol pode ser apreciada em tempo real, por meio de um telescópio especial; e
- maquetes articuladas mostram a evolução dos telescópios.

Esses são apenas alguns exemplos de atividades que se transformam em uma grande aventura pela Astronomia que, além do impacto visual provocado pela concepção arrojada, alia o aspecto lúdico ao processo educativo.

Neste ponto, é possível ponderar:

- Sou educador em uma pequena cidade. Não contamos com esse tipo de local disponível para visitas.

Quando a vivência de situação real não for possível, o educador deverá utilizar situações alternativas, como jogos, simulação e outros tipos de atividades que reproduzam as características das situações reais em que as competências são demandadas.

Lembrando que vivemos uma época nas quais carências desse tipo podem ser supridas de outra forma. Nesse caso específico, a Fundação conta com um espaço chamado "Visita Virtual", disponível em: <http://eravirtual.org/universo_pt/>, acesso em 13 fev. 2015, no qual é possível ao educador e seus alunos realizarem uma visita virtual por meio de microcomputador e desfrutar de quase todos os recursos que uma visita presencial proporciona.

ATENÇÃO! Educador, você deve contar com a sua criatividade e experiência para incrementar sua aula com as ferramentas que estejam ao seu alcance. Pense nisso!

PARA SABER MAIS! Visite virtualmente a Fundação Planetária, criada em 19 de novembro de 1970 com a finalidade de disseminar a astronomia, as ciências afins e desenvolver projetos culturais. Para isso, conta com diversas atividades, como sessões de cúpula, experimentos interativos, observações ao telescópio, cursos, palestras e exposições. O aluno tem contato, de forma lúdica, com "a realidade astronômica". Disponível em: <http://www.planetariodorio.com.br>. Acesso em: 13 fev. 2015.

O uso contínuo de práticas semelhantes a essas se apresentam como ferramentas valiosas no meio educacional, proporcionando aos alunos múltiplas vivências no seu aprendizado escolar.

É estimulante ao educador perceber pelo *feedback* fornecido pelos alunos que a aula que apresenta essa configuração significa bem mais do que o esperado para eles. Esses alunos podem compreender que, ao se encontrarem inseridos em ambientes diferentes dos da sala de aula, o seu processo de apreensão do conhecimento vai muito além das quatro paredes da escola e que precisam estar conscientes das oportunidades que a vida lhes oferece.

Lembramos que aprender a aprender requer a vivência de situações de aprendizagem autônomas por parte dos alunos.

9. O papel da escola no desenvolvimento da capacidade intelectual dos alunos

Diante do exposto, nota-se uma latente importância na compreensão das diversas formas de aprender determinado conteúdo. Reportamo-nos às correntes filosóficas de alguns educadores estudados no Capítulo 2. É possível perceber na proposta da aula de geografia a presença das concepções de alguns deles.

O objetivo de estudarmos a respeito de algumas propostas alternativas é fazer que tanto alunos como educadores sejam parceiros da aprendizagem. E, mais ainda: é dar a oportunidade aos alunos para que possam se aproximar de seus professores, rompendo com o formalismo escolar e indo além das paredes da sala de aula.

Cabe à escola e, por consequência, aos seus educadores o papel insubstituível de fomentar o desenvolvimento da capacidade intelectual dos seus alunos, ampliando sua reflexão e crítica pessoal em relação às condições de produção do saber científico e da informação que o cerca.

Para José Carlos Libâneo (2004), uma escola de qualidade seria aquela que inclui, ou seja, uma escola contra a exclusão social, política, econômica, cultural e pedagógica. Seria aquela que busca desenvolver, entre alunos e professores, uma relação de troca de conhecimento, amizade, respeito e muito diálogo.

Acreditamos que essa relação dialógica é muito importante no processo de ensino aprendizagem.

Vygotsky (1984) aponta que o aprendizado não é somente uma construção individual, mas, também, um processo social, que necessita do diálogo e das diversas funções da linguagem na instrução e no desenvolvimento cognitivo.

Paulo Freire (2003) defende que o diálogo é o momento em que os seres humanos deparam para pensar sobre sua realidade tal como a fazem e refazem.

Freinet (1977) buscava um método pedagógico flexível e não tão rígido. Para ele, as "aulas-passeio" ou "estudos de campo" (como também era chamado) se constituíam em um canal de livre expressão e de atividade cooperativa.

Para esse autor, a aprendizagem seria o resultado de uma relação dialética entre ação e pensamento, ou seja, teoria e prática. Segundo ele, o educador deve despertar o interesse intenso das crianças pela vida, por sua própria vida e pela que as cerca, conectando-as com a vida de crianças distantes, motivando-as nas pesquisas e nos trabalhos por meio de textos livres, jornais, conferências, aulas-passeio, cinema, entre outros.

> *ATENÇÃO! A realidade externa à sala de aula, os seus espaços e suas organizações podem e devem ser utilizados de forma intensa pelos educadores, como laboratórios ou ambientes de aprendizagem.*

Freinet criou várias técnicas pedagógicas; uma delas foi a "aula-passeio", pois acreditava que o interesse do aluno não estava na escola e, sim, no que acontecia fora dela. Idealizou esse tipo de atividade com o objetivo de trazer motivação, ação e vida para a escola. Seu intuito era sair dos limites físicos da escola e onde fosse possível colocar os alunos em contato com a natureza, com o mundo social e cultural.

Neste ponto, cabe abordar sobre os Parâmetros Curriculares Nacionais – **PCN**: os PCN de História afirmam que o conhecimento do "outro" possibilita, especialmente, aumentar o conhecimento do estudante sobre si mesmo, à medida que conhece outras formas de viver, as diferentes histórias vividas pelas diversas culturas, de tempos e espaços diferentes.

Isso corrobora o que temos afirmado até agora: o fato de que cabe à escola e aos professores o papel insubstituível de fomentar o desenvolvimento da capacidade intelectual dos alunos, ampliando sua reflexão e crítica pessoal em relação às condições de produção do saber científico e da informação que o cerca.

Por isso, os educadores devem estar atentos às mudanças e aos rumos que a educação atual vem tomando, pois é essencial que os educadores se preocupem com os métodos de ensino e a valorização do aluno.

Tal é essa responsabilidade que, ao agir assim, a atuação do educador repercute na melhoria sensível na educação, no desenvolvimento social, político e econômico, diminuindo as desigualdades sociais.

Glossário

Desenvolvimento de competências – A definição de competência está baseada no CHA, que são os conhecimentos (C) e as habilidades (H), competências técnicas, e as atitudes (A), competências comportamentais, que uma pessoa possui. O conhecimento tem relação com a formação acadêmica, o conhecimento teórico. A habilidade está ligada ao prático, à vivência e ao domínio do conhecimento. Já a atitude representa as emoções, os valores e sentimentos das pessoas, isto é, o comportamento humano.

Educação a Distância (EaD) – É uma modalidade de educação mediada por tecnologias em que discentes e docentes estão separados espacial e/ou temporalmente, ou seja, não estão fisicamente presentes em um ambiente presencial de ensino-aprendizagem.

Educação inclusiva – É um processo em que se amplia a participação de todos os estudantes nos estabelecimentos de ensino regular.

Feedback – É uma palavra inglesa que significa dar retorno ou dar resposta a um determinado pedido ou acontecimento.

Integração – Ato de unir elementos ou pessoas a um determinado grupo.

Interação – É o diálogo; contato entre pessoas que se relacionam ou convivem entre si.

Metodologia de ensino – Método aplicado pelo educador para implantar o processo de aprendizagem.

Objetos de aprendizagem – É uma unidade de instrução/ensino reutilizável. De acordo com o Learning Objects Metadata Workgroup, objetos de aprendizagem (Learning Objects) podem ser definidos por "qualquer entidade, digital ou não digital, que possa ser utilizada, reutilizada ou referenciada durante o aprendizado suportado por tecnologias".

PCN – Parâmetros Curriculares Nacionais.

Portfólio – É uma coleção de trabalhos já realizados de uma empresa ou de um profissional.

CAPÍTULO 4
TENDÊNCIAS PEDAGÓGICAS NO PROCESSO ENSINO-APRENDIZAGEM

1. Tendências pedagógicas no processo ensino-aprendizagem e suas relações com a formação do professor que atua no ensino superior, 60

Glossário, 71

1. Tendências pedagógicas no processo ensino-aprendizagem e suas relações com a formação do professor que atua no ensino superior

No Capítulo 3 foram estudados o processo educativo e a dinâmica da sala de aula com base nas correntes educacionais, vistas nos capítulos anteriores.

Neste Capítulo 4, o foco será as tendências pedagógicas no processo ensino-aprendizagem, com ênfase maior no ensino superior, e a concretização desse processo educativo em sala de aula.

Assim como no Capítulo 3, aqui também será oferecida uma série de informações ao educador do ensino superior, de modo a ampliar sua visão nas atividades de planejamento com o objetivo de auxiliar na elaboração de suas aulas.

Atualmente, o ensino superior tem buscado se concentrar, cada vez mais, na educação profissional. Os motivos para essa estratégia são diversos:

a) a carência do mercado de trabalho;

b) o pouco tempo para preparar profissionais; e

c) a urgência dos alunos em ingressarem no mercado profissional.

Muitos alunos buscam as universidades com o objetivo de serem inseridos no mercado de trabalho. A busca por reconhecimento profissional fica evidente.

Foi estudado, anteriormente, que a maioria das pessoas foi submetida a uma educação "tradicional", com muita oratória e pouca prática. No entanto, surgem momentos em que há necessidade de reformulações, para que as práticas educacionais sejam aprimoradas.

Convém recordar que os alunos de nível superior são integrantes da chamada geração Y, cuja idade oscila entre os 20 e os 29 anos. Uma das características desse público é a avidez por retornos breves. Dessa forma, o ensino superior e outros níveis de ensino demandam novas formas de aprendizagem, inclusive com o uso de tecnologias mais recentes, que abrangem a **robótica** e a **microinformática**. Por outro lado, uma das exigências do mercado de trabalho atual é a ambientação do trabalhador aos acontecimentos que permeiam seu tempo.

Assim, há uma exigência por profissionais que agreguem diversos conhecimentos e habilidades simultaneamente: são os chamados **multitarefas**.

Existe, nos dias atuais, uma discussão em pauta: a necessidade do mercado e a vocação da universidade, cujo tripé encontra-se voltado ao ensino, à pesquisa e à extensão. O mercado de trabalho, por sua vez, não acompanha essa tendência. Resta a dúvida de como equacionar essa questão.

Muitos autores têm defendido que há necessidade de se promover uma educação **interdisciplinar**, principalmente quando se fala em ensino superior.

Outro aspecto importante é que o indivíduo, em alguns casos ainda muito imaturo, não pode e nem deve pautar a opção por uma profissão simplesmente por ela estar "na moda", ou porque o mercado de trabalho demanda determinada ocupação. Na maioria das vezes, essa é uma decisão que pode impactar toda a vida do sujeito.

O fato é que o indivíduo que opta pelo ensino de nível superior necessita de mais informações e alternativas, de modo a fazer uma escolha mais próxima das suas competências e habilidades, além de uma atividade que lhe propicie satisfação e prazer em executar. Por isso, a educação como um todo encontra-se em ebulição. Suas perspectivas são muitas e suscitam um sem-número de possibilidades.

A prática educacional

Na prática educacional, uma diretriz a ser observada é a proposição de questões que desafiem os estudantes, de forma que estes sejam estimulados a articular a resolução das questões com outros conhecimentos anteriormente apreendidos.

Nessa nova arrumação, conceitos já assimilados são resgatados para formar novas pontes com as novidades estudadas em sala de aula. Portanto, os educadores não devem ter o receio de "desestruturar" os alunos com indagações ou exposições que os levem a refletir e, de fato, aprender. Uma atitude interessante para o educador é dialogar com outros docentes para debater novas formas de assimilar e ensinar.

Nesse sentido, existem, atualmente, inúmeros recursos que abreviam distâncias e dinamizam a oportunidade de conhecer, de forma virtual ou presencial, outros educadores e novas perspectivas nas formas de lecionar. São os fóruns, as redes sociais, os grupos de discussões, os congressos, os seminários etc.

A educação é dinâmica e, a cada dia, o educador é desafiado a atender às necessidades e desafios que se apresentam. Para alcançar tal objetivo, sempre precisou revisitar suas práticas. Para tal, necessita estar sempre atento ao que ocorre ao seu redor e às informações que o alcançam, buscando, ainda, fontes alternativas de conhecimento, não se prendendo a um único meio de informações.

Atualmente não é diferente, e essa é uma ação que envolve o conjunto de profissionais de uma instituição. Não deve ocorrer de forma isolada, sob pena de não funcionar.

O produto desse debate tem se mostrado positivo e vem oferecendo resultados mensuráveis para professores, alunos e à instituição como um todo.

Neste momento é possível questionar: "Com quais ferramentas o docente poderia contar para apoiá-lo em sala de aula?".

Existe, nos dias atuais, uma série de possibilidades e de recursos, dentre os quais convém exemplificar:

- utilização de vídeos;
- realização de dinâmicas;
- realização de simulações;
- estudos de caso;
- utilização de laboratórios;
- realização de visitas técnicas às instituições que pratiquem o que está sendo estudado;
- promoção de palestras; e
- muitas outras possibilidades.

Todos esses são recursos que podem ser utilizados e que têm a faculdade de auxiliar na execução do ensino, sendo de grande valia para materializar o assunto que é objeto deste estudo.

Porém, qualquer que seja o recurso a ser utilizado, é imprescindível ter em mente que a sua aplicação requererá planejamento por parte do docente.

Antes de qualquer coisa, é importante que o docente tenha a vontade de fazer diferente, de sair do lugar-comum. Estabelecida essa vontade, o profissional deverá ponderar qual recurso vai ser utilizado em qual momento e calcular os resultados esperados. Assim ele obterá subsídios para optar por uma determinada ferramenta em detrimento de outra, conhecendo com profundidade a relação custo *versus* benefício.

Tendo feito isso, tenha certeza de que os recursos possibilitarão uma maior interação nas atividades de aprendizagem por parte de alunos e do professor.

> *PARA SABER MAIS! Assista aos vídeos Amarcord, do italiano Federico Fellini, o qual retrata a escola italiana durante o século XX, e O espelho tem duas faces, uma aula expositiva por parte de um professor de matemática.*
>
> *Os filmes trazem diferentes formas de ensinar e aprender. Depois de assisti-los, você poderá discutir com seus colegas essas duas questões norteadoras: quais estratégias são consideradas eficientes para que o aluno aprenda? Será que, ao adotar uma das aulas apresentadas em um dos filmes, que são muito expositivas, não se está promovendo a "ausência" do estudante? Não a ausência física, mas a ausência da mente, por ela estar longe enquanto o professor fala em sala de aula.*

Analisando as preferências nas escolhas das carreiras profissionais

Convém, agora, fazer uma breve reflexão a respeito das modificações de pensamento em relação à escolha das profissões no Brasil.

Ao avaliar algumas características históricas, é possível constatar que elas proporcionam uma visão extensa sobre a sociedade, a fragilidade que provoca as relações sociais e os alicerces que permeiam as crenças e os valores que diferenciam uma época.

Por exemplo, na década de 1950, carreiras como medicina, direito e engenharia eram as profissões mais desejadas (e muitas vezes impostas pelos pais aos seus filhos), pelo encanto que a carreira apresentava. Um segundo aspecto para a grande adesão a essas profissões é que elas atendiam às necessidades de uma sociedade que procurava uma nova identidade para se afirmar junto ao mundo daquela época.

Já na década de 1960, as carreiras que despertavam maior interesse eram aquelas voltadas para as áreas humanas e sociais, uma vez que auxiliavam as pessoas a compreenderem as modificações de cunho ideológico pelas quais o Brasil passava.

Na década de 1970, o militarismo era o foco dos jovens e dos respectivos pais, ansiosos por verem seus filhos em uma profissão segura e com participação no poder político vigente à época. Nessa mesma década, as carreiras de medicina e de engenharia retornavam à lista das profissões mais almejadas.

A partir de 1980, com o início das transformações econômicas em todo o mundo, e com o fenômeno da globalização atingindo os países de forma mais incisiva, o Brasil passou a necessitar da figura do economista. Por consequência, surgiu muita procura por essa profissão por parte da maioria dos jovens que estavam se preparando para o tão sonhado e disputado **vestibular**. A demanda por essa categoria profissional se acentuou em razão da necessidade de o país se tornar economicamente viável.

Na década de 1990, no Brasil, entra em cena a figura do microcomputador. Aqui cabe uma ressalva: talvez as duas mudanças mais revolucionárias para as famílias e as suas respectivas crianças tenham sido a invenção de um poderosíssimo meio de comunicação – a televisão – ainda em meados do século XX e, na década de 1990, a disseminação do uso do computador. É notório que, à medida que o tempo passou, essas duas ferramentas modificaram a forma de vivência e como as crianças e os adultos aprendem e passam seu tempo.

Logo, as carreiras mais cobiçadas nos anos 1990 estavam voltadas para esses meios de comunicação. Mais recentemente, nos anos 2000, o conhecimento profissional mais desejado passou a ser na área de energia, mais precisamente de petróleo e gás.

Houve ênfase, também, para as áreas de gestão ambiental, ocasião em que cada vez mais as empresas e a sociedade buscaram falar e tratar a questão da **sustentabilidade**, pois proteger e cuidar do planeta passou a ser a expressão de ordem da humanidade e da sociedade contemporânea.

Diante do exposto e avaliando os episódios das últimas décadas, podemos entender que a sociedade se modifica constantemente conforme as necessidades vão surgindo à sua frente, bem como as militâncias dos grupos sociais.

Este breve histórico profissional proporciona um conhecimento panorâmico das necessidades e das diferenças sociais de cada época do Brasil, iniciando pela década de 1950. Serve para exemplificar a necessidade de qual expansão do potencial de atuação do docente deverá ser trabalhada, uma vez que esse profissional deverá se atualizar sempre, a fim de atender às demandas que se apresentam. Dessa forma, o educador compreende que trabalhar com a diversidade é compreender que, em cada sala de aula, em cada ambiente de aprendizagem, em cada espaço em que habitar esse personagem, será um mensageiro de saberes, valores, vivências culturais e expectativas fortemente diversificadas.

À primeira vista isso pode parecer um problema para o educador. Contudo, o olhar do docente deve apreciar a questão tratando-a como um grande desafio e uma oportunidade que, quando bem estudado e compreendido, poderá ser vencido com êxito por este profissional.

A Educação para as Novas Gerações

É notório o fato de que vivemos em uma sociedade na qual o desenvolvimento tecnológico se mostra com bastante nitidez nos diversos meios.

Em um passado recente, fatos como os lançamentos de satélites ao espaço se tornaram rotineiros, ocorrendo principalmente durante a **Guerra Fria**, e contribuíram (mesmo que esse não fosse o objetivo principal) para o desenvolvimento de tecnologias que permitiram a disseminação instantânea da informação nos quatro cantos da Terra. Isso se apresentou como uma evolução inegável dos domínios tecnológicos, permitindo o desenvolvimento e o barateamento de aparelhos de televisão, de rádio e, nos dias atuais, dos microcomputadores, além da disseminação do acesso à rede mundial de computadores, a **internet**.

A moda e os costumes de cada povo e de cada nação, que eram transmitidos oralmente, de geração em geração, num breve instante se viram influenciados por outros, vindos das mais variadas partes do mundo, canalizados pelos chamados meios de comunicação de massa. Dessa influência não escaparam nem crianças, nem jovens, nem adultos, nem anciãos. O uso que se tem feito dos meios de comunicação apresenta duas facetas bem divergentes: por um lado, têm contribuído para o desenvolvimento cultural das sociedades em todo o mundo no que se refere à transmissão mais eficiente da informação; por outro lado, também têm se tornado instrumento de alienação e domínio quando em poder de mãos inescrupulosas.

E o mais grave: segundo Moreira (1995, p. 5), verifica-se que a escola tem se omitido, quanto ao papel fundamental de orientar e implementar ações junto aos estudantes, no que diz respeito ao uso que estes fazem dos meios de comunicação atuais. No ensino superior os educadores não podem ficar omissos a esse respeito. Para esse autor, a escola (seja ela de nível fundamental, médio, seja superior) não tem utilizado o potencial informacional que esses meios de comunicação podem fornecer; em vez disso, continuam utilizando tecnologias que datam ainda do século XV (quadro e giz, exposição oral etc.).

O uso da tecnologia permitiu a disseminação instantânea da informação nos quatro cantos da Terra.

De acordo com Moreira (1995, p. 2), os meios de comunicação de massa são caracterizados por serem os meios transmissores da informação que ocupam um importante percentual de nossa vida cotidiana.

Esse autor afirma que essa proporção é bem maior quando se observam crianças e jovens, que preferem ver televisão e ouvir músicas a praticar a leitura, principalmente os integrantes da "geração Z" – que compreende a idade dos 12 aos 19 anos.

Moreira destaca, ainda, que hoje vivemos em um período de "saturação da informação", ou seja, recebemos infinitamente mais informações do que aquelas que conseguiríamos absorver. Isso acarreta algumas consequências negativas; por exemplo, a indiferença da população diante dos sofrimentos dos demais em virtude do impacto emocional das notícias e imagens seguidas de uma tragédia.

Outro exemplo é a incapacidade ou a incompreensão de se conseguir contextualizar os acontecimentos, em virtude da apresentação fragmentada dos trechos de notícias nos meios de comunicação, e a rapidez com que são apresentados, muitas das vezes sequer dando tempo para uma reflexão a respeito do fato noticiado.

Verifica-se, também, que os meios de comunicação buscam desenvolver a política da educação para o consumo, estimulando, assim, o desejo desenfreado de compra de bens e produtos oferecidos. Sem falar na **mercantilização** da cultura, que tem sido transformada num produto que é possível comprar ou vender. Talvez esse aspecto seja uma das nefastas consequências da implantação paulatina do sistema de globalização, à qual todos os países do mundo (capitalistas ou não) estão submetidos.

Observa-se, ainda, que os meios de comunicação podem ser utilizados como instrumentos para o desenvolvimento de poderes ideológicos, uma vez que cerca de 90% das informações veiculadas têm origem nas empresas de comunicação. Deduz-se, então, que poucos decidem o que muitos vão ver ou ouvir. Assim, essas instituições podem, facilmente, tornar-se instrumentos de manipulação e domínio por meio da alienação das massas populares.

Ainda se deve citar o fato de que as desigualdades tecnológicas geram, invariavelmente, desigualdades culturais.

Em um mundo onde cresce a olhos vistos a quantidade de pobres e miseráveis, aqueles que conseguem ter acesso aos meios tecnológicos possivelmente conseguirão prevalecer sobre outros que não o têm. Todavia, ressalta-se que, mesmo facilitando o acesso aos meios de informação, não há a garantia total de que o indivíduo conseguirá encontrar a informação que busca ou mesmo que venha a compreender aquilo que lê.

Essa é a importância do educador como facilitador do conhecimento, e não como a fonte de todo o conhecimento. Esse fato fica mais visível na educação superior.

Manuel Área Moreira (1995, p. 4) defende em seu artigo o desenvolvimento de mecanismos de integração curricular dos meios de comunicação, principalmente a televisão, utilizando-a como aliada na educação.

Defende, também, a capacitação dos profissionais de ensino quanto ao uso pedagógico mais adequado desse instrumento. Também é ponto pacífico para esse autor que, na elaboração desse processo, deve existir a busca pela parceria dos pais, tornando-os conscientes quanto ao seu papel de educadores no lar, convidando-os a participar de atividades nos centros educacionais.

Diante do exposto, percebe-se que o surgimento de novas tecnologias tem obrigado uma revisão de todo o conceito de meio de comunicação social. Isso porque, embora hoje os recursos tecnológicos dos meios de comunicação tenham alcançado um alto patamar de desenvolvimento tecnológico, muitos ainda simplesmente se encontram excluídos, quer por condições financeiras, quer por debilidades técnicas (o "analfabeto digital"). E o mais grave: existem muitos educadores que são analfabetos digitais, ou seja, não dominam nenhuma dessas tecnologias, fazendo que suas aulas sejam meramente expositivas. Fica a questão: como podem ensinar de modo eficiente a uma geração que já é proficiente na tecnologia digital?

As instituições de ensino não podem e não devem continuar se omitindo quanto a esse problema. Seu olhar deve ser voltado para a utilização dos meios de comunicação como aliados, trazendo-os ao convívio diário dos educandos. Isso contribuiria decisivamente para a formação de indivíduos com poder de síntese e crítica da informação. Até porque o aluno não pode ser levado a escolher uma profissão simplesmente pelas tendências do mercado de trabalho.

Bom seria que esse indivíduo viesse a possuir, além das habilidades para lidar com o audiovisual, qualidades para transformar essa informação em conhecimento, de modo a ponderar suas opções e decisões.

Dessa forma, a universidade é demandada a dispor de um currículo que ofereça uma trajetória acadêmica de seu aluno de forma flexível, podendo optar por disciplinas de áreas interdisciplinares, diminuindo-se, assim, a **evasão**.

O papel da universidade no século XXI

Até agora fizemos uma série de abordagens em relação à atuação do educador na época contemporânea. Porém, já apontamos que não cabe apenas ao educador o repensar de sua forma de atuar: a própria instituição tem sido desafiada a fazê-lo. Vivemos em uma época de mudanças e ajustes contínuos. Por isso, adaptar-se a esses elementos faz parte da rotina da sociedade recente.

Para tanto, existe a necessidade do estabelecimento de estratégias ou, dito de outra forma, planejamento, de modo a oferecer um ensino de qualidade, além de adequado às demandas de um século complexo, cuja característica tem sido o anseio por informação.

De acordo com Silva (2008, p. 1), a estratégia a ser adotada por uma instituição de nível superior dependeria, principalmente, da capacidade de análise e da criatividade de líderes visionários, ou seja, aqueles que são capazes de mobilizar toda uma organização em torno da realização de objetivos estabelecidos.

É notório, porém, que vivemos tempos em que o estabelecimento de objetivos tem sido cada vez mais difícil, dada a imprevisibilidade de contexto em todo o mundo. Atualmente, as mudanças têm ocorrido de forma muito rápida, o que dificulta a fixação de planos de média e longa duração.

Quando falamos em planejamento, queremos enfatizar na questão que faz a diferença dentro de uma instituição de ensino: os recursos humanos, ou, como alguns também denominam, gestão de pessoas.

A tendência da maioria das instituições de ensino é relegar a gestão de pessoas a um segundo ou terceiro plano, o que é um erro grave. Normalmente se privilegia a área administrativa em detrimento da gestão de seus recursos humanos, até porque esta última é uma área difícil de ser trabalhada. Outros privilegiam a infraestrutura (prédios, equipamentos etc.). Todavia, a instituição de ensino superior que pretenda formar profissionais no século em curso precisa olhar para seu corpo de trabalhadores como parceiros, mudando todo um conjunto de práticas e de crenças que já se encontram arraigados nela.

De todo modo, segue um pequeno resumo dos aspectos que a instituição deve observar no que tange à gestão das pessoas que trabalham na área de educação universitária:

1. A gestão de pessoas é tão importante quanto a gestão de outras áreas da organização. Normalmente, as instituições fazem grandes investimentos em planos de propaganda e em projetos de mudanças que têm por objetivo melhorar suas infraestruturas. Todavia, merece destaque que qualquer mudança que se pretenda realizar envolve a participação ativa das pessoas. Para isso, é necessário incentivá-las e fazer que se sintam parte integrante da instituição e como um dos agentes dessa mudança. Nesse sentido, é necessário que todos os trabalhadores da instituição de ensino sejam contemplados nessa estratégia: do porteiro ao diretor, todos lidam diretamente com o público-alvo da instituição, que é o discente. Não há recurso tecnológico que substitua um ser humano motivado a oferecer o melhor de seu trabalho, estando completamente engajado com os objetivos da instituição.

2. De acordo com Silva (2008, p. 4), gerir pessoas não é sinônimo de rotina de pessoal. Ainda segundo esse autor, em um passado não muito distante, gerir pessoas era associado às rotinas de manutenção de um contrato de trabalho, que englobam o recrutamento, a seleção, a remuneração, o estabelecimento de planos de cargos e salários, os benefícios, entre outros. Todavia, a gestão de pessoas volta-se para uma visão do empregado como um parceiro, e não como simples fornecedor de força de trabalho. Até porque são essas pessoas que podem oferecer alternativas e opções para se alterar a metodologia de muitas práticas da instituição, oferecendo novos caminhos e perspectivas para a educação que se faz necessária no século XXI.

3. Os gestores da instituição de ensino devem promover mecanismos que estimulem as pessoas a refletir a respeito de suas práticas diárias. Também devem ser contemplados mecanismos para materializar essas reflexões, de forma a utilizar esses canais como fonte de informação (ouvidoria, caixa de sugestões, endereço de correio eletrônico...) que permitam promover a alteração de padrões existentes. É importante, ainda, que sejam dados retornos quanto às propostas, críticas e sugestões recebidas, sob pena de que, ao longo do tempo, a boa vontade das pessoas venha a se perder.

4. Delegar autoridade às pessoas, permitindo que elas tenham mais liberdade para decidir e agir, e que possuam maior acesso aos recursos de que necessitam para facilitar a tomada de decisões.

5. Gerir competências, identificando, com clareza, quais são as competências individuais e coletivas presentes nos seus quadros de empregados. Uma sugestão é a criação de banco de informações em que sejam levantadas as competências existentes na instituição.

6. Gerir desempenho ao planejar e buscar resultados de longo prazo. Quando falamos de gestão de pessoas, os investimentos nem sempre são de curto prazo.

É necessário que a instituição seja parceira dos seus educadores, ao capacitá-los. Existem cursos de curto, médio e longo prazos. Quando investimos em pessoas, devemos ter em mente que os resultados do desempenho têm de ser vistos de forma global, voltados para a equipe, e não para uma única pessoa.

7. Oferecer oportunidades dentro da carreira é uma opção mais moderna ao uso dos engessados planos de cargos e salários. Neste último, o crescimento do indivíduo não raro está atrelado ao seu tempo de trabalho, em detrimento do seu potencial e do seu nível de contribuição.

8. Mecanismos de reconhecimento e de remuneração são importantes aspectos a serem considerados. O gestor deve pensar para além dos salários pagos ao seu corpo de trabalhadores. Em uma Universidade, pode-se optar por uma forma de remuneração variável, em vez de um salário fixo que contemple ações padronizadas. Esse nova proposta de remuneração inclui o reconhecimento por metas e objetivos alcançados, compondo uma forma de remuneração que estimule o educador a pesquisar, contribuir e colaborar com a instituição.

9. O clima organizacional da instituição é primordial para a qualidade do trabalho desenvolvido e para a satisfação de seu corpo de trabalhadores. Vale lembrar que a maioria dos trabalhadores no Brasil passa entre 20 e 40 horas de sua semana dentro de uma instituição, dependendo do regime de trabalho no qual foram contratados. Dessa forma, monitorar o clima que compreende a instituição deve ser encarado como prioridade para que se consiga realizar uma gestão de pessoas da forma apropriada. Devem ser elaborados mecanismos de monitoramento que prevejam formas de transformar as informações obtidas em subsídios que efetivamente corrijam aspectos negativos que estejam acontecendo.

A Universidade do século XXI precisa repensar diversos aspectos de sua atuação. Não é suficiente que o educador, de forma isolada, tenha consciência de que precisa mudar ou adequar sua forma de ensino, rediscutindo-a em fóruns internos e externos.

Esta deve ser uma filosofia de toda a instituição, que perpassa a atividade de todos os profissionais, até que seus resultados promovam um aprendizado efetivo por parte do corpo discente.

Glossário

Evasão – Ato de sair ou fugir. Na educação, designa a ausência do aluno nas rotinas educacionais.

Guerra Fria – Designação atribuída ao período histórico de disputas estratégicas e conflitos indiretos entre os Estados Unidos e a União Soviética, compreendendo o período entre o final da Segunda Guerra Mundial (1945) e a extinção da União Soviética (1991). Tratou-se de um conflito de ordem política, militar, tecnológica, econômica, social e ideológica entre as duas nações e suas zonas de influência. É chamada "fria" porque não houve uma guerra direta entre as duas superpotências, dada a inviabilidade da vitória em uma batalha nuclear.

Interdisciplinar – Ação recíproca entre disciplinas.

Internet – Sistema global de redes de computadores interligadas que utilizam o conjunto de protocolos padrão da internet com objetivo de servir os usuários de todos os países.

Mercantilização – Ato de tornar vendável algum tipo de mercadoria ou serviço.

Microinformática – Ramo da informática que trata de circuitos miniaturizados.

Multitarefas – Capacidade de fazer várias coisas simultaneamente, com eficiência e bem-feitas.

Robótica – Ramo educacional que cada vez mais cresce no meio acadêmico e tecnológico, englobando o uso de computadores, robôs e computação. Cuida de sistemas compostos por partes mecânicas automáticas e controlados por circuitos integrados, tornando-os sistemas mecânicos motorizados, controlados manual ou automaticamente por circuitos elétricos.

Sustentabilidade – Termo utilizado para definir ações e atividades humanas que visam suprir as necessidades atuais dos seres humanos, sem comprometer o futuro das próximas gerações. A sustentabilidade está diretamente relacionada ao desenvolvimento econômico e material de forma a evitar a agressão ao meio ambiente, utilizando os recursos naturais de forma inteligente para que se mantenham no futuro.

Vestibular – Tipo de processo de seleção, no qual os estudantes disputam vagas em universidades brasileiras por meio de provas e exames.

Referências bibliográficas

AGUIAR, L. M. B. de. O lugar e o mapa. *Caderno Cedes*, Campinas, v. 23, n. 60, p. 139-148, 2003. Disponível em: <http://www.scielo.br/pdf/ccedes/v23n60/17271.pdf>. Acesso em: 13 fev. 2015.

AURÉLIO ONLINE. *Educação*. Disponível em: <http://www.dicionariodoaurelio.com/educacao>. Acesso em: 22 jan. 2015.

_____. *Fundamento*. Disponível em: <http://www.dicionariodoaurelio.com/fundamento>. Acesso em: 22 jan. 2015.

BRASIL. Lei nº 9.394, de 20 de dezembro de 1996. Estabelece as diretrizes e bases da educação nacional. *Diário Oficial [da] República Federativa do Brasil*, Brasília, 23 dez. 1996. Disponível em: <http://www.planalto.gov.br/ccivil_03/leis/l9394.htm>. Acesso em: 19 jan. 2015.

CAMBI, F. *História da Pedagogia*. São Paulo: Editora Unesp, 1999.

CONDORCET, J. A. N. *Esboço de um quadro histórico dos progressos do espírito humano*. Campinas: Editora da Unicamp, 1993.

DELORS, J. (Coord.). Os quatro pilares da educação. In: *Educação*: um tesouro a descobrir. São Paulo: Cortez, 1996. p. 89-102.

EBY, F. *História da educação moderna*. Porto Alegre: Globo, 1976.

FREINET, C. *O método natural*. Lisboa: Estampa, 1977. 3 v.

FREIRE, P. *À sombra desta mangueira*. 6. ed. São Paulo: Olho d'água, 2003a. 120 p.

_____. *Educação e atualidade brasileira*. 3. ed. São Paulo: Cortez, 2003b. 123 p.

GADOTTI, M. *História das ideias pedagógicas*. São Paulo: Ática, 1996.

LIBÂNEO, J. C. Uma escola para novos tempos; In: Libâneo, J. C. *Organização e gestão da escola*: teoria e prática. Goiânia: Edit. Alternativa, 2004 (5.ed.) (p. 45-62, cap. II).

MENDONÇA, A. W. A universidade brasileira em questão: o debate sobre a Reforma Universitária no Brasil, nos anos 1950-1960. In: MAGALDI, Ana Maria; ALVES, Cláudia; GONDRA, José (Orgs.). *Educação no Brasil*: história, cultura e política. Bragança Paulista: EDUSF, 2003.

MORAN, J. M. *Ensino e aprendizagem inovadores com tecnologia*. 2002. Disponível em: <http://www.catolicavirtual.br/conteudos/pos_graduacao/ead/uea5/Leitura3_aula1.asp>. Acesso em: 4 fev. 2015.

MOREIRA, M. A. La educación audiovisual ¿Otro tema transversal del Curriculum?. *BICEP. Boletín del centro del profesorado de Fuerteventura*, 1995. Disponível em: <http://www.quadernsdigitals.net/datos/hemeroteca/r_42/nr_476/a_6363/6363.pdf>. Acesso em: 15 fev. 2015.

MORIN, E. *Os sete saberes necessários à educação do futuro.* Trad. Catarina Eleonora F. da Silva e Jeanne Sawaya. 8. ed. São Paulo/Brasília: Cortez/Unesco, 2003. 118 p.

MORIN, E. *Os sete saberes necessários à educação do futuro.* 2. ed. São Paulo: Cortez, Brasília, DF: UNESCO, 2000.

PETITAT, A. *Produção da escola.* Produção da sociedade. Análise sócio-histórica de alguns momentos decisivos da evolução escolar no ocidente. Porto Alegre: Artes Médicas. 1994. Parte II, Cap. 5, 6, 7 e 8 (p. 141-210).

ROSSEAU, J.-J. *Do contrato social.* Ensaio sobre a origem das línguas. São Paulo: Nova Cultural, 1997.

_____. *Emílio ou da Educação.* São Paulo: Martins Fontes, 1999.

_____. *Emílio ou da Educação.* São Paulo: Difusão Europeia do Livro, 1968. p. 60-62, apud PILETTI, C.; PILETTI N. *História da educação.* 7. ed. São Paulo: Ática, 1997. p. 94.

SILVA, J. R. G. da. *Ensino Superior no século XXI*: mudanças, desafios e competências. Conferência apresentada em 20 ago. 2008. Disponível em: <http://www.pucrs.br/reflexoes/encontro/2002-4/documentos/03-Ensino-Superior-no-Seculo-XXI-Jose-Roberto.pdf>. Acesso em: 23 fev. 2015.

VYGOTSKY, L. S. *A formação social da mente.* São Paulo: Martins Fontes, 1984.

Impressão e Acabamento
Bartira
Gráfica
(011) 4393-2911